もう1つの居場所をつくる

マツダミヒロ

実業之日本社

あなたにとっての居場所はどこですか?
家、職場、それとも
友達、趣味の仲間、インターネットの中……。

複数の居場所があるという人も、
居場所がないと感じている人も、
この本で「居場所」について
一緒に紐解いていきましょう。

序章

今のままの人生で本当にいいですか？

「ウィッシュリスト」は実は「後悔リスト」

あなたがいつかやりたいと思っていることは何ですか？

左のスペースに、思いつくままにやりたいことを書き出してみましょう。

これはウィッシュリスト、またはバケットリストと呼ばれるもので、書き出して意識することによって、その思いが実現しやすくなるといいます。

私のウィッシュリスト

やりたいことでスペースがいっぱいになったでしょうか?

たくさんあってここには書き切れないという人は、ノートなどを用意して書き出してみてくださいね。

では、人はこのリストにどんなことを書いているのでしょう？

海外のリストランキングを見ると、「どこかに行く」という内容が非常に多く挙がっています。「世界一周旅行に行きたい」「世界遺産を巡りたい」「森の中で過ごしたい」など――。

ぼくとしては「家族で幸せに過ごしたい」といった内容が多いと思っていたので意外でした。

あなたが書き出したもの、もしくは思い浮かべたものは何ですか？
それは、いつ実現させる予定ですか？

実は、こうしたウィッシュリストは、見方を変えると「後悔リスト」ともいえます。

なぜなら「やりたい」と思っていながら、今までの人生でやってこなかったことだから。

もちろん、これからの人生で実現していく人もいると思いますが、実際には、「いつかやりたい」と思ったまま、書き出したことをたくさん残して、人生を終える人が多いのではないでしょうか。

「どこかに行きたい」「どこかで暮らしてみたい」という願いは、「今いる場所に満足していない」ということの裏返しの可能性があります。

つまり、今の人生に満足していないから、どこか別の場所に行ってみたい、でも、そう思っているだけでなかなか実現できない……、という人が、非常に多いのだと思います。

あなたが「やりたい」と思っている「〇〇に行きたい」ということには、その裏に何か別の意味が隠れていませんか?

それは「今いる場所＝人生の居場所」に満足していない、ということなのかもしれません。

だとしたら、自分にぴったりの「居場所」はどこにあるのか——。
それを見つける方法を探っていきましょう。

「セブラルライフ」からの提言

ぼくの今のライフスタイルは「セブラルライフ（SeveralLife／複数の場所を拠点にして暮らすこと）」です。

今の妻と結婚した10年ほど前から、一年のうち300日を海外で過ごす生活になり、この暮らしを「セブラルライフ」と名乗るようになりました。

ちなみに、この言葉はぼくたちが作った言葉なので、辞書には載っていませんし、Googleで検索しても出てきません。

具体的にどんな生活なのかというと、1つの拠点で旅よりも長い期間を過ごします。ですから、ぼくたち夫婦に「旅」をしている感覚はありません。

たとえば、オーストラリアで1か月過ごし、次にスペインで2か月過ごすというように、「生活拠点」が移動しているだけなのです。

そもそも人混みが苦手なので、世界中を渡り歩いていても、観光地にはほとんど行きません。

パリに行っても、観光の中心地であるルーブル美術館には行かず、Airbnb（世界各国で利用されている民泊サービス）で探した部屋に泊まって、地元のスーパーで買い物をして……、という普通の暮らしをしています。

以前、こんなことがありました。

ある仲間たちと一緒にヨーロッパに行く話で盛り上がり、ぼくはいつものように「1か月くらい行くのはどう？」と提案したら、他のみんなはキョトンとしているのです。

「1か月は無理でしょ⁉」「1か月も何するんですか？」と。

そこで、**ぼくにとっては「暮らす」イメージなのですが、みんなの中にあるイメージは「旅行」**なんだと理解しました。

旅行だから、仕事をしないで、ホテルに泊まり、観光スポットをいろいろ見て回る。だから、「1か月もそんなことしてられないでしょう」というわけです。

「確かにぼくもそれはできないよ」と伝え、仲間たちに「旅行」と「暮らす」の違いについて話したら、ようやく納得してもらえました。


どの場所にいても普通に仕事をして、お茶をし、その土地の友達に会うという生活をする。そうした**「暮らし」を世界中のいろいろな場所で行う。**

そんな「多拠点の生活」が、ぼくの今の生活スタイルです。

「もう1つの居場所」とは

多拠点生活を始めたきっかけは、東日本大震災が起こったとき。

「居場所はこの1か所だけでいいのか？」と思ったことから始まります。

その当時住んでいた山形は数日間水も電気もありませんでしたが、それでも比較的、浅いダメージでした。

でも、自分の住んでいる場所が永遠にあるというのは、ただの思い込みにすぎない、一瞬でなくなってしまうことだってあるんだ、と身に染みました。

そのとき、保険に入るぐらいの感覚で、もう1か所、居場所があってもいいんじゃないかと思ったんです。

そうやって、もう1つの居場所について考えているときに今の妻と結婚し、生まれてからずっと住んでいた山形の他に、沖縄、ハワイと生活拠点が増えていきました。それは、ぼくたち夫婦にとって心地のよい場所はどこか、と探していた結果の自然のなりゆきです。

さらに、ぼくは講演やセミナーのために海外に行くこともよくあったのですが、それまではただの出張でした。効率よくいくつもの仕事をバーッとこなし、終わったらすぐに帰ってくる……。

それに妻が同行するようになって、**その土地とつながること、そこで暮らすことを考えるようになり、お気に入りの場所が増えていきました。**

結果、世界中を暮らして歩く「多拠点生活」に辿り着いたのです。


多拠点生活とは、言い方を変えると「居場所が複数ある」ということ。

自分にとってのお気に入りの場所がいくつもあると、人生がとても豊かになって、そこからたくさんのエネルギーが得られます。

居場所は1つだと誰が決めた？

「でも、いくつも居場所を持つなんて……」

「海外で暮らすなんて……」

今あなたは、そう思いましたよね？

確かに、いきなり多拠点生活をするのは難しいでしょうし、誰にとっても多拠点がいいとも考えていません。

でも、居場所は1つだと誰が決めたのでしょうか？

あなたが今そこに住んでいるのは、誰が決めたことですか？

そこで生まれたから、親の家がそこにあるから、かもしれません。ぼくもそういう理由で生まれ育った山形にずっと住んでいたから、よくわかります。

職場についてもそうです。

今の仕事は誰が選んだのでしょうか？

「自分」と答えるかもしれませんが、学生のとき、周りの波にのまれて就活をし、評判のいい会社という理由で何となく選んだのかもしれません。

それは、自分の考えで決めたことではなく、ただ社会で常識とされることに流されただけかもしれないのです。

ですから、もしも**今の住む場所、職場、人間関係などに対して「このままでいいのかな？」と思うようなことがあるのなら、今のままの人生でいいのか、今の居場所でいいのか、とちょっと考えてみてください。**

それは、自分の中にある「枠」を知ることでもあります。

その「枠」があると、本当に自分が望んでいることがわからなくなってしまいます。

まずは「枠」に気づいて、本当の自分を知ること——。

そこから「もう1つの居場所」づくりが始まります。

もう1つの居場所をつくる

もくじ

序章

今のままの人生で本当にいいですか？

第1章

今の居場所で「満たされて」いますか？

第2章

「いつかやってみたい」その〝いつか〟はいつですか？

第3章

あなたにとっての「豊かさ」とは何ですか？

第4章

あなたにとって心地よい「人間関係のかたち」とは？

おわりに

第1章

今の居場所で「満たされて」いますか？

ぼくにとっての居場所の定義

あなたは、「居場所」という言葉からどんなイメージが浮かぶでしょうか？

この本では「もう1つの居場所」のつくり方についてお話ししていきますが、まずは、この言葉をぼくなりに定義しておきましょう。

居場所とは、「自分にとって心地よい場所」です。

でも、心地よいとは、具体的にどういうことでしょう？　以前のぼくには、それがわかりませんでした。

仕事で海外を飛び回り、たくさんの国や土地に行っていましたが、いつもハードスケジュールでした。

その頃のぼくはまるで弾丸トラベラーのように、**ゆっくりよりも速いほうがいい、何もないよりいろいろあったほうがいいと思っていた**のです。

きっとドーパミン（脳を覚醒させ、意欲や生産性の向上をもたらすホルモン）が出ていたのでしょう。

3泊4日ぐらいの渡航で、3〜4本の講演があり、夜に打ち合わせ兼の食事会があり、最後に半日だけ観光して帰ってくる――。こんなことを繰り返していました。

確かに、刺激があって退屈しない毎日でしたが、この状態だと「もっともっと！」となってしまいます。もっと違う場所へ行きたい、もっといろんな体験をしたい、という刺激を求めてしまうのです。


しかし、同時に疲れてもいました。

年に一度の旅行であれば、それでいいのかもしれませんが、ぼくたちのライフスタイルでは、これが一年中、続いてしまうのです。

知らないうちに体の疲れだけでなく、心の疲れも溜まっていました。

そんなとき、妻から提案がありました。

秋の深まった日に、ニューヨークのセントラルパークを夫婦で散歩していたときのことです。

「これからは旅するのではなく、暮らすようにしてみない？」

え、暮らす？
どういうこと？？？
最初は理解できませんでした。

妻からの提案は、

・1回の渡航で2週間以上、滞在する
・その間の仕事は1つだけ
・あとの時間は、その土地で普通に暮らす

ということ。当時のぼくはドーパミン中毒になっていたせいか、それではつまらないのではないか？　退屈しないか？　そもそれで仕事は追いつくのか？　などと正直思ったのですが、その提案にチャレンジしてみることにしました。

すると、どうなったか——。

確かに、はじめは刺激がなくて退屈なときもあったのですが、**徐々に居心地がよくなり、そこがぼくたちにとって、安心する居場所になっていった**のです。

そして、2週間未満の滞在では移動が多くて疲れることに気づき、徐々に3週間、1か月、2か月と長くなっていきました。

こうした変化を体験できたのは、きっと「暮らす」という行為が、自分を安心させるための行為だからでしょう。

興奮したり、刺激を求めたりすることより、その空間と時間を味わうことに幸せを感じ始めたのです。

これは、幸せホルモンのセロトニン（精神を安定させ、心身をリラックスさせるホルモン）が出てきたからかもしれません。

ドーパミンは一時的なものですが、セロトニンは長期的に感じることができます。穏やかで、何もしなくても、幸福を感じることができます。

以前は、非日常を求め、旅して歩くことで日常に変化をつけていたわけですが、**旅という非日常の中に「暮らし」という「日常」をつくったことで、幸せ度がグッと増した**のを感じました。

よく「居場所とは何ですか？」と聞かれますが、ぼくは
「そこをホームと言えるかどうか」
「帰ってきたと思えるかどうか」
で決まると思っています。

つまり、**「興奮する」という感覚ではなく、「安心する」「ホッとする」という感覚があるかどうか――**。

ぼくの場合、それは、旅というライフスタイルを送る中での「拠点」でした。

拠点というのは、そこに家を持つこととは限りません。

泊まるところはコンドミニアムだったり、Airbnbで探した家だったり、その都度変わります。


ただ、世界中のいろいろなところに、帰ってきたと思える場所がある。

その場に気の置けない仲間がいる。

そうした「場」と、そこでの「コミュニティ」。

その両方の心地よいところが、ぼくにとっての「居場所」だと思っています。

まとめ

居場所とは、心地よい「場」とそこでの「コミュニティ」

なぜ、複数の居場所が必要なのか

誰の人生においても、「ここが自分のホーム」と言える居心地のよい場所が必要です。

「今の家がそう」「職場や学校がそう」と思える人は幸せですね。

では、なぜ複数の居場所が必要なのでしょうか？

ぼくがそう考えるようになったきっかけは、**どの国にいるか、どの街にいるかを変えるだけで、気持ちも仕事も大きく変わると実感したことでした。**

こんな研究があります。

アメリカのある研究チームの調査によると、人は行ったことがない場所に行くといった「探索」の度合いが高い日には、より幸せを感じるという結果が出たそうです。

人類には、この場にとどまっているほうが食べ物を得られるか、新しい環境に行ったほうがいいかという決断を迫られてきた歴史があり、そこから、新しい場所を探求したいという欲求があるというのです。

つまり、その欲求が満たされるから、幸せを感じるということ。

これは、まさにぼくが実感していることです。

多拠点生活になってさまざまな国で暮らすようになった今のほうが、幸福度が増しているのを感じるのです。

そしてこの研究では、「新しい場所に行って探索することで、脳が鍛えられる」と結論付けていました。

以前、ぼくが憧れている方が「移動距離とアイデアは比例する」とおっしゃっていましたが、この結論にも同感しかありません。

日本でも北海道と沖縄では、文化の違い、習慣の違い、そこに住む人たちの感覚の違いを感じます。

それがグローバルバージョンになると、さらに大きくなり、その刺激を受けることで、脳が鍛えられ、感覚が研ぎ澄まされていくのです。

実際にさまざまな国を移動して暮らしていると、日本にいるときには考えられないくらい頭を使います。

たとえば、スーパーで買い物をするとき、電車で移動するとき、コインランドリーを使うとき、または危機管理など、日本とは事情が違うことが山ほどあります。

ただ普通に生活しているだけで、たびたびトラブルに直面するので、その都度考えを巡らせ、その場にいる人に聞いたりして解決していくのです。

一方、毎日同じ場所で、同じルーティンの生活を続けていると、何も考えなくても日常生活が回っていきます。

それは、安定していて、安心で楽である反面、何かを考えたり、感じたりというセンサーが鈍くなっていくことでもあります。

複数の居場所、それも移動距離が長いところを10年移動し続ける人生と、同じ場所や環境に10年居続ける人生とでは、考え方や感覚、ひらめきが違ってくるのは当然ではないでしょうか。

また土地には、「その土地の性質」というものがあります。ぼくは「土地の持っているチカラ」とも表現します。

シンガポールやドバイのように、経済発展している国に行けば成長思考になるし、ハワイの海辺ではリラックスモードになります。

つまり、**自分が意図せずとも、その場に身を置くだけで、自然にその場の影響を受ける**ということも実感しています。

ぼくは、よく自分に質問を投げかけます。

ただ、その答えが自分の本心なのかな？　と疑問に思うことがあり、心の底からのホンネで答えを得るには、ハワイのように「素」の自分に戻れる場所が必要だと気づいたのです。

そうしたことから、「自分にとっての心地よい場所」「自分の習慣や視点を変えてくれる場所」が、国内や海外のあちこちにできていき、1つ1つの場所で暮らしながら、旅して歩くようになりました。

ぼくにとっての重要なテーマは「自由に生きる」です。

しかし、1つの場所にとどまっていると、知らないうちに自分の中に「枠」ができてしまい、それに縛られてしまいます。

人生の自由度を上げるには、つまり自分の「枠」を取り払い、自分の中の新たな可能性に気づいていくには、もう1つの居場所が必要だと思うようになりました。

あなたは今、自分の好きなように生きていますか？

まとめ

居場所が変わると、気持ちや考え方が違ってくる

居場所がないと感じてしまう理由

会社にいても「ここには自分の居場所がない……」と感じている人、家に帰っても「ここも何となく違う……」「ここでも気持ちが休まらない……」と思っている人、けっこう多いのではないでしょうか？

その理由の1つは、「所属している場所」＝「居場所」だと決めつけているからかもしれません。

子どもがいる女性から、保護者会に参加しても居場所がない、でも出席しなければならないから大変だと聞いたことがあります。

その他にも、会社で希望とは違う部署に配属されたなど、世の中には望む・望まざるにかかわらず、所属しなければならない場所があります。

それは子ども時代からあって、学校であれば、嫌でも指定されたクラスに所属しなければならなかったでしょう。

しかし、こうした**「受け身の場」というのは、たまたまの所属先であって、そこを「居場所」と思う必要はない**のです。

そこに自分の居場所がないと感じているのであれば、それはあくまで「所属先」としておいて、他に本当の居場所を探してみてください。

そのときに、**「自分にとって心地よい場所とはどういうところだろう?」「心地よくない場所とはどういうところだろう?」と自問自答してみて、それを構成している要素を分解**してみましょう。

心地よい場所とはこんな「土地」で、こんな「家」があればいいなとか、家の中はこんなレイアウトで、こんな物があって……と、どんどん細部まで考えていくのです。

人間関係であれば、誰かと一緒に暮らしたいか、もしくは、一人のほうがいいか……。前者であれば、その「誰か」はどういう人なのか……など。

こうしていくと、自分の「好き」や「求めているもの」がはっきり見えてくるのではないでしょうか。

ただし、**自分の気持ちがわからない、何が好きかわからない、と言う人も多くいるので、安心してください。**

傍から見ると、十分に成功し、プライベートも充実していそうな人が、「本当は何をやりたいのかわからない」「自分の好きなことがわからない」と言って、相談に来ることがよくあります。この場合、社会的によしとされていることと、自分が心の底から望んでいることが違うのでしょう。

自分の気持ちがわからないという人は、心が満たされていない可能性が高いので、まずは「どうすれば心が満たされるか」を見ていきましょう。

まとめ

「居場所」と「所属先」は別物である

自分が満たされると周りの人も満たされる

自分の本心がわからないという人に、ここで1つ質問です。

あなたは、自分の心の声を聞いていますか?

多くの人が、心の声を聞く前に、もしくは心の声が聞こえているのに無視をして、周りの人に合わせてしまう傾向があります。

たとえば……、

・コーヒーの気分だったけれど、友達が紅茶を注文したから自分も同じものにした
・なりたい職業があったのに、親を安心させるために公務員を選んだ

など、日々の小さなことから、人生の大きな決断まで、さまざまな場面で自分の心の声を無視していないでしょうか。

そのときは、人に喜んでもらってよかったと感じるかもしれません。

しかし、それを日々積み重ねていると、満たされない気持ちがどんどん溜まっていき、同時に、自分の心の声を聞けなくなってしまいます。

すると、今の生活では何となく満たされていないけれど、自分が何を望んでいるかわからない――、ということに。

ここで、ぼくが「シャンパンタワーの法則」と呼んでいるものを紹介しましょう。

シャンパンタワーとは、グラスをピラミッド状に何段も積み重ねたもので、そこにシャンパンを注いでいきます。

このタワーを自分の環境に見立てて、一番上のグラスを「自分」、二段目のグラスを「家族」、三段目のグラスを「仕事のスタッフや友達」、四段目のグラスを「お客様」、五段目のグラスを「社会や地域の人々」とします。

さて、**いつもあなたがシャンパンを注いでいるのはどこですか？**

家族という人もいれば、仕事のスタッフ、お客様という人もいるでしょう。
どれも大切な人間関係ですが、いくつものグラスにシャンパンを注ぎ回るのは大変ですよね？
それに、**自分のグラスは空っぽではないですか？**

すべてのグラスを満たすには――、そう、一番上のグラスにシャンパンを注ぎ続ければいいのです。そうすれば、グラスから溢れ出たシャンパンが、自然に下のグラスを満たしていきます。

実は、シャンパンというのは「愛とエネルギー」です。
つまり、自分に愛とエネルギーを注いで満たされれば、それが自然に家族、仕事のスタッフ、友達へと行きわたっていくのです。

まとめ

まずは自分のグラスに愛とエネルギーを注ごう

もし、自分自身が満たされていないと――

2歳の娘さんを持つ知り合いの女性の話です。仕事があるうえに2人目を妊娠し、夫は忙しくてワンオペという状況の中で、毎日イライラしていました。

すると、あるとき娘さんが
「あのね、ママ、まずは寝て！」

と言って、布団に引っ張っていったというのです。

「ママが疲れていたら、楽しくないから」って。

このとき、自分のグラスが割れていることに、ハッと気づかされたそうです。

さらに彼女はこう話してくれました。

「私は、家族に『自分より家族より、仕事が大事』と公言している〝仕事人間〟でした。

でも、どんなに頑張っても、枯渇感や空虚感が湧き上がってくることに悩まされていたんです。

そんなとき、娘からのこの言葉で、**自分を満たさないと、相手の気持ちに寄り添えないし、心からの感謝や共感もできない**ということを理解しました」。

また、看護師をしているある女性は、こんな話をしてくれました。

毎日「患者さんのために、患者さんのために」と、職場でも、家にいても、看護のことで頭がいっぱいでした。

自分を犠牲にしてでも他者に奉仕することこそ、立派な看護師の姿だと信じて疑わなかったのです。

そんなある日のこと、とても忙しい中ナースコールが鳴りやまず、病室に向かう途中で、自分の中にこんな声が湧き起こってきたのです。

「もう！　何回も呼ばないで！　患者さんはあなただけではないのよ！」

その頃はスタッフとの関係がギスギスし、家族ともうまくいかなくなっていました。このままでは、患者さんや家族、周りのみんなを悲しませてしまうだけだと、落ち込むことに……。

そこで、自分を満たすことを始めてみると、**当初は「人のために」という思いを持ってやっていたことが、いつしか「やってあげている」に変わっていた**と気づいたそうです。

そして、目の前の人を大切に思うからこそ、まずは自分自身を大切にすることの重要性を身に染みて感じたと言っていました。

あなたにも同じような経験がありませんか？

今の居場所に満足できていないなら、まずは自分を満たしてみると、今いる環境が変わるかもしれません。

人を喜ばせる前に、自分自身を満たしましょう。

すぐにできなくても、まずは1週間に1回、1か月に1回できることを試してみます。ケーキが好きだったら、子どもに買ってあげる前に、月に1回は一人で食べに行く時間をつくるなどしてもいいかもしれませんね。

そうした、**やりたいと思ったことをリスト化して、行動に移していくと、自分を満たすことが習慣になっていく**はずです。

そして、**自分を満たすことを優先しても、何も悪いことは起こらないどころか、周りの人との関係もよくなっていく**ことに気づくでしょう。

心に余裕ができたら、自分の心の声を聞いてください。

あなたはもう愛とエネルギーで満たされているから、心の声が聞こえるはず。

現状を変えたいなら、その声に従って少しずつ行動を起こせばいいのです。

まとめ

身近なことから「やりたいこと」をリスト化しよう

あなたの中にある「枠」とは？

今、ありがたいことに、ぼくは国内にも複数の拠点があります。国内の場合は「拠点＝家」なので、いくつかの家を持っています。

そういう話をすると、「複数の家を持つなんて、憧れるけれど経済的に無理」「マツダさんだからできるんですよ」といった反応が返ってくることがあります。

しかし、果たしてそうでしょうか？

「複数の家を持てるのはお金持ちだけ」「家は所有するもの」という考えは、その人の中にある固定観念ではないかと思うのです。

現代は「所有」から「共有」の時代になったと言われますが、家も物も、自分で所有する必要はありません。

昔は、自分の家を建てるのが人生の目的の1つだったりしましたが、今はそうではなくて、家も車も自転車もシェアが当たり前という時代になっています。

若い人に聞くと、洋服からアクセサリー、バッグや腕時計までレンタルしているというので、驚くことがあります。

そんな時代ですから、別荘にしても、自分で持つ必要はありません。

新しいサービスが登場し、一年のうち10日分とか、1か月分とか、必要な期間だけ家が買えるようになっています。

もしくは、レンタルハウスがあちこちにあるので、1~2か月間、借りるという方法もあるでしょう（実際にぼくは、いろいろな国でそうやって暮らしています）。

生活用品も買って所有するより、必要なときに借りられるという便利なウェブサイトがたくさんあります。

「できない」「無理」と思ったときに、「それって本当？」と自分に問いかけてみると、

自分の中の固定観念に気づくのではないでしょうか。

仕事も同様で、昔のような終身雇用制度が減って、自由に転職や独立ができる時代になってきました。

「この会社は合わない」と思っているのに辞められないとか、「仕事は1つだけ」という思い込みも固定観念です。

思いきって転職する、独立するというのも1つの手ですが、今の会社の仕事を続けつつ、趣味を活かして副業を始めるという方法もあります。

ぼくも今の多拠点生活を始めるときに、思いきって仕事のスタイルを大きく変えました。

その経験からしても、**働き方は1つではないし、もっと自由に、自分に合ったように考えていい**と思っています。

自分の中にある「固定観念」＝「枠」に気づけば、人生は変えられます。

それは、固定観念に縛られて動けなかった自分に、「自由に生きていいよ」という許可を出すことでもあります。

それが、自分の可能性を広げたり、新たな可能性を見出したりすることにつながっていくでしょう。

今の生活のすべてをガラリと変えようというのではなく、それはそれで措いておいて、もう1つの「居場所」を探すことから始めてみてください。

まとめ

自分の「枠」に気づいて、自由度を高めよう

自由な生活への憧れも、固定観念かもしれない

「多拠点生活」といっても、それにはいろいろなパターンがあります。

ぼくの場合は、「場所と時間に縛られない生活」が幸せだと思って実践していますが、それがあなたにも当てはまるでしょうか？

確かに、自由な生活に憧れる人は多いのですが、１つの場所で、毎日決まったルーティンをこなす生活が向いている人もたくさんいます。

誰もがフリーランスで働くほうがいいわけではありません。

どちらが「いい」とか「悪い」とかではなく、どちらもその人の個性なので、自分に向いているのは何かを見極めることが大事です。

メディアで取り上げられたり、YouTube で発信したりしている人の生活を見ると、

「自分もやってみたいな」と憧れることがあるでしょう。

そうした人の真似をしてみるのも、もちろんいいと思います。

でも、今はメディアから、ものすごくたくさんの情報や広告が入ってくるので、知らないうちに、時代の流行りというものに影響されがちです。

「自由に生きたい」「海外に行きたい」という思いは、果たして本当に自分自身の中から出てきたものでしょうか？

ぼくは、何かをやってみたいなと思い立ったときには、自分が本当に求めていることかどうかをチェックするために、こんな質問をします。

「そもそも誰が思いついたの？」

本当に自分の考えなのか、それとも、何かの情報を見てそう思ったのか、その起点を知ることが重要だからです。

そのあとで、

「じゃあ、なぜそれをしたいと思ったの？」

と問います。

世界一周旅行だとしたら「なぜ、自分は世界一周をしたいと思ったのか？」と問うて、その答えが出れば、自分の考えが明確になるでしょう。

そのとき、「そう言われてもなぁ……」と答えにつまったとしたら、自分の考えではない可能性が高いのです。


一見よさそうな夢も、それは他人の考えだったり、自分の中の固定観念だったりするので、そこに気づいていきましょう。

まとめ

自由な生活が、すべての人に向くわけではない

第2章

「いつかやってみたい」その〝いつか〟はいつですか?

人生の転機は突然やって来る

ぼくのライフスタイルを知った人から、「どうやって始めたんですか?」とよく聞かれます。

現在のライフスタイルに至るまでに、いくつかの人生の転機がありました。ここでは、ぼくが辿ってきた道を少しお話ししましょう。

ぼくは山形で生まれ、山形にある芸術系の大学に進み、卒業すると地元で会社を創って、デザイン事務所を始めました。

東京ではなく、山形で起業したのは親の影響です。

ぼくの親はいわゆる昔の田舎の人たちで、とても保守的で心配性でした。車で30分ほどの蔵王にスキーに行くことすら「冬に蔵王に行くなんて危ない」という具合です。

ずっと「山形に住むものだ」と刷り込まれていたせいか、他の地域に行くという選択肢がありませんでした。

しかし、いざ就職活動を始めてみると、山形中を探しても、働きたいと思える会社が見つかりません。

そこで、ここにはないのだから自分で創るしかないかな、と思って起業することにしたのです。

デザイン事務所といっても、ウェブサイトの制作やプランニング、イベント、テレビコマーシャルなどを手がけていました。

当時そうした仕事は時代の最先端だったので、ライバルもなく、会社の規模が順調に大きくなっていき、数人の社員を雇うまでになりました。

ところが29歳のとき、社長であるぼくが、いきなりクビを言い渡されたのです。

ビジネスの方向を見誤ったせいで、大借金をつくってしまったのが理由でした。

自分の責任とはいえ、まさに青天の霹靂でした。

突然、何もやることがなくなったぼくは、それからどうやって日々を過ごしたと思いますか？

茫然自失になってしばらく引きこもった？

別のことにチャレンジしようと、すぐに新たなビジネスを始めた？

実は――、毎日のように50円で入れる近所の温泉に行っていました。

もちろん、のんびりしていられる状況ではなかったのですが、働きづめの毎日や社長という立場から、解放された気分もありました。

給料日には、何とかして社員に給料を払わなければならない。

来月の売り上げをどうやって確保しよう……。

そうしたストレスを抱えて胃が痛くなることがないと思うと、**先行き不安より、ホッとした気持ちが上回った**んだと思います。

幸いなことに、山形は温泉が豊富な土地柄で、家のすぐ近くにもいい温泉がありました。

でも、働いていたときは、平日の昼間にゆっくり温泉に浸かるなんて、もちろんできませんでした。

そこで、毎日温泉に通って、お湯に身を沈め、ボーッとした時間を過ごしていると、「なんて幸せなんだろう」と感じ始めたんです。

それまでは、がむしゃらに働いて、お金を稼いで、会社を大きくすることが幸せだと思っていました。

ゆっくり休んでいるなんて、時間の無駄。そんなふうに過ごすのは、負け組だとすら考えていました。

ところが、この**ボーッとしている時間に幸せを感じるようになり、やがて、「お金がなくても幸せになれるんじゃないか」ということに気づき始めた**のです。

当時はお金がないうえに、1500万円以上の大借金も抱え、返済期日が迫っているのに仕事がなく、次にやることも全く見えないという状態だったのですが、少し視点が変わったのを感じました。

そしてようやく、食べていくためにこれから何をしようか、と考えられるようになり、それまで会社でやっていたホームページ制作をフリーランスで始めることにしました。

その一方で、以前から興味があったコーチングを学び始めたのです。

結果的には、あとから始めたコーチングのほうが軌道に乗りました。

質問力のメルマガを始めたら徐々に読者が増え、半年後に初めての講演依頼が来て、次の年には、1冊目の本を出すことになったのです。

そこから講演依頼が、うなぎ上りに増えていきました。

日本全国を飛び回り、海外からも呼ばれるようになって、本当に休む間もなく働くようになったのです。

まとめ

何もしないボーッとする時間をつくってみよう

3か月の休みで人生が変わった

一度目の転機は突然、降って湧いたことでしたが、自分から進んで長期の休みをとったことがありました。

それは36歳のとき、ふと「3か月間、休んでみよう！」と思いたったのです。

この頃は、講演の依頼がどんどん入ってきて、毎日のように日本全国を飛び回っていました。

まだ若かったので体力でカバーできていましたが、働きづめの生活にちょっと疲れていたし、ずっとこのままでいいとは思っていませんでした。

その一方で、講演をやめたら食べていけない、3か月も休めるはずがない、という不安もありました。

でも、**自分ができないと思っていることだからこそ、チャレンジとしてやってみようと思った**のです。

欧米に行くと、バカンスとして1~2か月の休みなんて当たり前で、みんな自由を謳歌しているのに、日本人はなぜ、1週間休むのも大変なんだろうという思いもありました。

そこでハワイに行き、3か月間、携帯電話の電源を切りっぱなしで生活するという、人生初の試みをしてみたのです。

最初の10日間は、とにかくずっと眠り続けていました。人ってこんなに寝られるんだというくらい。

すると、1か月くらいで疲れがとれて、それまでの**「仕事用だった自分」から、「自分を生きている」という感覚に変化**してきました。

2か月目に入ると、初めて現地での友達ができて、リトリートできる場所を教えてもらい、そこに行くようになりました。

3か月目になると、このマウイ島の素晴らしいエネルギーを分かち合いたいと思うようになり、大切な人たちに「ハワイに来ない？」と呼びかけ一緒に過ごすことも行いました。

思い返せば、この3か月間で、本当に人生が変わりました。

それは、優先順位が変わったということです。

人生には大きく分けて「仕事」と「暮らし」がありますが、暮らしのほうが大事だということに気がついたのです。

それまでは、仕事やお金、社会的成功といったものを必死で追い求めていましたが、自分の中で「暮らし」が上回りました。

そして、自然体で過ごす、自然のリズムで過ごすことの素晴らしさを理解した3か月間でもありました。

こうして今までの人生を振り返ってみると、**「まずは、やってみよう」と思って、**

行動に移すことが大事だとわかります。

社長をクビになったのは自分の意志ではないですが、まずは温泉でリセットしたのがよかった。

3か月間ハワイに行ったときは、自分ができないと思っていることだからこそ、挑戦としてやってみようと思った。


「できない」という思いは、自分でつくっている壁でしかありません。

そう思うことがあったら、「本当にできないの?」と自分に問うてみるといいでしょう。


「マツダさんのような人生を送るには、どうすればいいですか?」

そう聞かれたときの答えは、「まずは、やってみる」以外にありません。

まとめ

できないと思っていることだからこそ、やってみる

永遠に動き出せなくなるNGワード

「やりたいことがあるのに、なかなか動き出せません」という人に話を聞くと、よく使うワードがあることに気づきます。

その1つは、「いつか」です。

「いつか、海外に住みたいと思っているんです」と言うので、「そのいつかは、いつですか？」と聞くと、こう答えが返ってきます。

「お金ができたら」

「定年退職したら」

つまり、お金と時間ができたらということですが、**「〜ができたら」と条件を付けているうちは動き出せません。**

人によっては「英語が話せるようになったら」とか「会社を辞めたら」と言いますが、それには何年もかかるでしょう。

それよりも、海外に住みたいと思っているのであれば、まずは実際に「短期間、暮らしてみる」ことから始めます。そう決めてから、どうすればできるかを考えればいいのです。

つまり、ステップの順番をガラリと変えます。

今までのステップが「A（お金ができる）↓B（海外に行く）」だったとしたら、「B↓A」と順番を入れ替えるのです。「B（お金はないけれど）↓A（海外に行く）」というように。

実際に海外に長く滞在してみると、今の時代、お金をかけずに暮らす方法がいくらでもあることがわかります。

英語もそうです。話せなくてもネットの翻訳機能を使ったり、単語を並べたりするだけでも何とかなるし、話さざるを得ない状況におかれれば自然と話せるようになっていくものです。

まずは、そうした体験を実際にしてみること。

すると、海外に拠点を持つのは「選ばれた人にしかできないこと」というのが、単なる固定観念だったことに気づかされるでしょう。


仕事に関してもそうです。

著者仲間から、「私も海外に仕事の場を広げたいけれど、どうしたらいいですか？」と聞かれることがあります。

これも、海外からのオファーを待って、すべて準備が整ったら行こうと考えていたら、いつになるかわかりません。

とりあえず遊びに行ってみればいいのです。

長く滞在していると自然に友達ができるので、そこから思わぬ輪が広がって、新たな仕事が生まれることがあります。

ぼくが海外での暮らしを始めた最初の数年間は、本当にお金がありませんでした。

そこで、今までのビジネススタイルを変えたのですが、それ以外にも、いろいろな国で出会った人たちと一緒にできることはないかと考えて、取り組んできました。

「～ができたらやろう」という考えは、行動に移すための条件付けです。

しかし裏を返せば、お金がなくても、もしくは時間がなくても、海外に行っていいという許可を自分に出せないということです。

今、あなたの中にある「～ができたら」という考えは、できないことへの言い訳ではありませんか？

その条件は本当に必要？　ただ許可を出せないだけではない？

そう振り返ってみることが、最初の一歩です。

まとめ

自分が自分に課している条件に気づく

実は、英語ができません

海外で暮らしたり、講演したりしていると言うと、英語がペラペラなんだろうと誤解されますが、実は、ぼくは英語ができません。

よく「日常会話しかできないから～」と言って「英語ができない」と謙遜する方がいますが、ぼくは英検は5級、TOEICは250点で、正真正銘、全くできない派です。

とはいっても現地での暮らしは、買い物や食事のときのお店の人との会話など、すべて英語です。

ですから、一年のうち300日も海外にいるぼくがこういう話をすると、とても驚かれるのですが、**英語が話せなくても何とかなる**ものです。

これは、実際に体験してみるとわかるでしょう。
想定される日常会話だけは覚えておくとか、とりあえず単語を並べてみるとか。うちの場合は妻のほうが話せるので、それで助かっている部分もあったりしますが……。

ただし、妻のほうが話せるといっても、泊まる場所でのチェックイン・チェックアウトやレストランの予約といった、男性の役割とされていることに関しては、ぼくが何とかやっています。

こんなぼくですから、多くの人にとって、英語が大きな障壁になっていることはよく理解できます。
海外で暮らすことはもちろん、海外に行くこと自体、「英語ができないから」という理由で尻込みしている人が多いのではないでしょうか？

でも、**「英語ができるようになったら」という条件を付けてしまうと、実際に海外**

に行くのはいつのことになるかわかりません。

英語ができなくても思いきって行ってみると、「何とかなる」という感覚を体験できるでしょう。

そして、日本に帰ってきたときに、「もっと話せたらよかったなぁ」という思いが湧けば、英語の勉強への意欲が生まれるものです。

まとめ

英語ができないことは「壁」ではない

昭和の呪縛から脱しよう

「昭和の呪縛」というと、今の若い人は「何それ？」と思うかもしれません。

しかし、ぼくたち世代が育ってきたときは、「好きなことだけでなく嫌なことでも頑張って努力しないと成功できない」「我慢や謙遜できる人が立派だ」といったことを教えられました。

そのせいか、「日本でも成功していないのに……」とか「今の私が海外に行くなんて無理、無理」と言って、行ける状況にあっても、その**せっかくの〝ご褒美〟を受け取れない人が多い**のです。

「もっと頑張ってから」という条件を付けてしまうのです。

もしくは、自信のなさから、「今の自分に海外なんてふさわしくない」と考えてしまいます。

海外にいるからこそ見える日本のよさというのがあって、日本人の謙虚さは、その1つだと思っています。
ただし、それを「自分に許可を与えない」というように使うと、せっかく持っている可能性を発揮できなくなってしまうでしょう。

何かを実行するときに、今の自分の状態がどうであるか、頑張っているかいないかは、関係ありません。

それにかかわらず、やりたいと思ったことを実行してみる。
そのためには、まず自分の中に「昭和の呪縛」があることに気づき、あえて、その殻を破ってみましょう。

そうやって、最初の一歩を踏み出したら、次は、それを継続して習慣化することを考えます。そうでないと、ご褒美として1回ハワイに行ったけれど、それっきりとなりがちだからです。
海外の人が驚く日本人の「弾丸ツアー」は、その一例でしょう。

たとえば友人たちとスペインに行ったときも、みんな「～を見なきゃ」と言って疲れているのに無理して動き回るので、「どうして？」と聞くと、「もう来られないと思うから」と言うのです。

つまり、スペインに来るのはこの1回だけの〝特別なご褒美〟だと思っているのです。

そこで生まれるフレーズが「せっかくだから」です。「せっかくだから～を見て」「せっかくだから～を食べて」というように。

確かに、「せっかくだから～を見なきゃ」と言って、できる限り見て歩くのも1つの旅行スタイルです。

しかし、**「せっかくだから」は、人生の可能性を狭める言葉でもあります。**

使っている本人が気づかなくても、そこには「私はもう、ここに来られない生き方をします」という意味が含まれているのだから。

もし、**「せっかくだから」と言いそうになったら、「これは次にしよう」と言い換え**

てみましょう。

するると、自分の中に「また来る」というスケジューリングがされて、「じゃあ、いつにしようか」という具体的な計画に進んでいくのです。

「せっかくだから」が口癖になっている人は、一度、封印してみてください。

そして、疲れてしまうような旅行からは卒業しましょう。

「せっかくだから」もそうですが、「時間がもったいない」と動き回る旅行スタイルも、昭和の呪縛の1つではないでしょうか。

家に帰ったときに、「やっぱりウチが一番」と思うのはいいのですが、だから「旅行はしばらくいいいな」と思ってしまうのは残念なこと。

旅行は、自分が満たされに行くものではないかと思います。

まとめ

「昭和の呪縛」から飛び出してみよう

「愛の選択」と「恐れの選択」

「いつかやりたい」と言いながら先送りしてしまう場合、それはなぜかと考えると、「本当は望んでいない」という可能性もあります。

あなたが、そのことをやりたいと思うようになった経緯は、どんなことだったでしょうか？

第1ステップは、何かを見たり読んだりして、「こんな生き方があるんだ」と知ったことではないでしょうか。

それを「いいな」と思うと、自分の望みになります。これが第2ステップです。

第3ステップは、実際の行動です。

しかし、ここで**「本当にそういう生き方をしたいのか？」を改めて問うてみると、「YES」と答える人が案外少ない**のではないかと思うのです。

ぼくは、**選択には「愛の選択」と「恐れの選択」の2つがある**と考えています。

愛の選択は、「～をしたい」と本当に自らが望んでいること。

恐れの選択は、「～したほうがいい」「～しなくてはいけない」という理由で選んだこと。つまり、本質的には望んでいないことです。

ですから、何かの選択をするとき、**自分で選んだと思っていても、それが恐れの選択だった場合は、行動に移すことが難しい**のです。


これを、もう少しわかりやすく説明すると、人は選択をするときに「ＹＥＳ」か「ＮＯ」で考えます。

ＮＯは「嫌い」「やりたくない」ということですから、はっきりしています。

しかし、一方のＹＥＳの中には、「ＮＯではないからＹＥＳにしておこう」という選択も含まれているということです。

そこでぼくは**選択をするときに、「YES」か「YES以外」かで考える**ようにしています。

自分が本当に心の底から望むことだけが「ＹＥＳ」。

望まないことはもちろん、「イヤではないけれど」とか「やっておいたほうがいいかな」というものは、すべて「ＹＥＳ以外」です。


こうして考えてみると、**頭では「やりたい」と思っているのに、なぜか動けないということは、ＹＥＳ以外の選択**だったのかもしれません。

もし、「自分の居場所は今のここではないかも」と感じているなら、どうやって「ここ」を選んだのかを振り返ってみるといいでしょう。

自分で選んだつもりでも、実はＹＥＳ以外、つまり恐れの選択だったかもしれないのです。


ちなみに、ぼくの場合は、人生において「ＹＥＳ以外」という選択はしません。

多くの人は、就職といった大きな選択の場面でも、「ＮＯではないから」という理由で選んでいることが多いと思います。

しかし、ぼくは「人生は短いのだから、ＹＥＳ以外のことに時間とお金を使う余裕はない」と決めているのです。

もちろん、すべてのことを「ＹＥＳ」だけで選んでいくのは難しいでしょう。

お金や安心といった何かを得るために、「ＹＥＳ以外」を選ぶことがあっても構いません。

でもそんなときは、**今回は「ＹＥＳ以外」で選んだ、という自覚をもっていることが大事**です。そうすると、常に何かチャンスを探そうという気になって、自分にとっての本当の「ＹＥＳ」に目を向けやすくなるからです。

自覚なしに、「これは自分が選んだ道だから」と、自分を騙し続けるのはやめましょう。それが、人生に行き詰まりを感じる原因になっているかもしれないのですから――。

まとめ

「ＹＥＳ以外」の選択をしたことを自覚する

自分のホンネを知るには？

自分にとっての「本当のＹＥＳ」を見つけるには、自分のホンネを知る必要があります。

そこでお勧めしたいのが、**「プレジャーリスト」というワーク**です。

これは、自分を喜ばせることをリスト化しておくというもので、**ノートに書き出すことで、それを自分の意識に根付かせることができます。**

といっても、「自分が喜ぶことなんてわからない」とか、「人生を変えるようなことは思いつかない」という人も多いものです。

そこで、まずは短時間でできそうなことに細分化して、書いていきます。

たとえば、今週できそうなことで、心がホッとすることは?、これがあると嬉しいなということは?、などの質問を自分に投げかけて、書き出してみましょう。

私のプレジャーリスト

5分で できること	
10分で できること	
30分で できること	
1時間で できること	

自分なりのプレジャーリスト、書き出せましたか？

なかなか思いつかなかったという方は、普段から我慢のしすぎで、自分の気持ちがわからなくなっているのかもしれませんね。

その場合は、次のページにある「みんなのプレジャーリスト」参考にして、まずはそこから気になるものにトライしてみてください。


もう1つ、**一日の終わりに「今日は何が幸せだった？」と自分に問いかける**のもお勧めです。

それをノートに書き留めておいて後から見直すと、自分はどんなポイント、どんな要素で幸せを感じるかがわかってきます。すると、自分にとっての「ＹＥＳ」を見極めやすくなるでしょう。


ぼくの場合、昨日を振り返ってみると、幸せだったのは、知人からあるカフェの本をもらったことです。

それには自分の好きなカフェを選べるチャートが載っていたので、妻と二人でやっ

みんなのプレジャーリスト

5分でできること	・ふと空を見上げる ・大好きな人の写真を見る ・ストレッチをする ・アロマの香りを嗅いで深呼吸する ・ペットをなでる ・子どもをハグする ・草木や花を眺める
10分でできること	・美味しいコーヒーやハーブティーを淹れる ・大好きなスイーツを食べる ・何もせず横になってボーっとする ・家の周りを散歩する ・車の中で好きな曲を大声で歌う ・手足のマッサージをする ・化粧水で顔をパッティングする
30分でできること	・好きな音楽を聞きながらランニングをする ・読むとホッとする本をめくる ・次に行きたい旅を想像して調べてみる ・坐禅を組んで、瞑想する ・ジャーナリングで気持ちを整理する ・湯船でリラックスしたり、シャワーを浴びる ・床屋さんで髪を切る
1時間でできること	・お気に入りのカフェに、スマホを持たずに行く ・好きなドラマを1話、集中して観る ・緑いっぱいの公園に散歩に行く ・サウナや岩盤浴でしっかり汗をかく ・ヘッドスパやマッサージを受ける ・パンを作ったり、クッキーを焼く ・親友と食事に行く

てみて、お互いの好きなカフェを見ながら、今度ここに行こうという話をしました。
それを幸せだと感じた理由は、妻が何が好きかを再認識できたからです。

とても小さなことですが、**「幸せはすぐ近くにある」**と、ぼくは思っています。
人生の先にある大きな幸せも大事ですが、そこに辿り着くために、今ここの毎日で感じられる小さな幸せをないがしろにするのは、本末転倒ではないでしょうか？

お気に入りのカフェに行き、美味しいコーヒーをゆっくりと味わい、心も体もホッと落ち着く時間を持つ――。

本当の幸せは、こんな日々の暮らしの中にあります。
自分が幸せだと感じるポイントをたくさん見つけておいてください。

まとめ

自分を喜ばせることを書き出しておく

憧れの人を探してみる

自分の中から「こういう生き方をしたい」という明確な答えが出てこないという人にお勧めしているのが、**ロールモデルを探す**という方法です。

あなたは、「夜ごはん、何にする？」と聞かれたときに、パッと答えられますか？好きなものをすぐに答えられる人もいるでしょうが、「急に言われても……」と答えられない人がけっこう多いのでは、と思います。

でも、「ステーキ食べたい？」と具体的に聞かれたら、「いや、好きじゃないんだ」とか「今は食べたくない」と答えられるはず。

そこで、「じゃあ、野菜炒めは？」などと、新たな選択肢を提示されれば、**質問にYES、NOで答えていくうちに、「今日の気分は○○だったんだ」と気づける**のです。

これを人でやってみるのが、ロールモデルです。

まずは誰でもいいので、この人と決めます。

そして、「この人みたいになりたいか?」という問いを自分に投げかけて、NOであれば、違う人を探します。このときロールモデルになる人は、有名人でもいいですし、身近な人でも誰でも構いません。

そうやってYES、NOを次々に繰り返し、なりたいという人が見つかったら、次は、その人のどこをいいと思うかをどんどん分解していきます。

この人のファッションセンスが好きとか、面白そうな仕事をしているとか、料理が上手、インテリアが素敵などなど……。

そして、**他人のいいなと思うところを真似してみると、自分の「好き」がどんどん深まっていき、自分の中から「こうやってみよう」という新しいアイデアが生まれたりする**のです。

もし真似してみて、違うと感じたら、また新しいロールモデルを見つけてください。

これを、生き方バージョンやライフスタイルバージョンでもやってみます。
「こんなオンラインビジネスで成功している人がいるんだ」とか「こういう2拠点生活をしてみたいな」とか思う人がいたら、そのいいと思うところを分解して、真似してみます。

そして、自分はこんなことが好きで、こんな生き方を望んでいるという、自分なりの答えが出たら、これもノートに書いて、自分の中に定着させていきます。

その答えが定着することで道しるべとなり、自然にその方向へと歩き出すことができるからです。

まとめ

YES、NOで答えて、自分を知ろう

場の力を借りて、「素」の自分に戻る

以前、仕事の方向性について真剣に考えなければならないときがあり、「本当にその事業をやりたいか?」と自分に質問しました。

それを東京でやったときの答えは、「やりたいに決まっている」でした。

ところが、やり始めたら全然うまく進まないので、「やりたいはずなんだけど、おかしいな……」と思っていたのです。

そんなとき、たまたま海に行くことになったので、ビーチを歩きながら、同じ質問をしてみました。

そうしたら「絶対やりたくない」という答えが出てきたので、自分自身に驚きました。

2つの場所で正反対の答えが出た理由は、その質問について考えた環境が違ったから。

人は自分が意図せずとも、ある場所に身を置くだけで、その場所からの影響を受けるのです。

では、どちらの答えがホンネかというと、そのときの自分が「素」であるほうです。ぼくの場合は、ビーチを歩いていた時でした。

そして、素の答えに従うと、仕事も、考えたこともスムーズに進むことを実感しました。

ですから、ただ質問に答えるだけでなく、その前に**「今のこの場所は、自分が素になれるところかどうか」と考える**必要があります。素になれる場とは、居場所と同様に、自分が心地よいと感じられる場かどうかということです。

こうした場のエネルギーというのはとても不思議で、ぼくはこのエネルギーを構成する要素が4つあると思っています。

1つは、その土地の持つ力（地面の力）。

もう1つは、そこに置いてある物が発する力。

3つめは、そこに建つ建物が発する力。

あとは、そこにいる人たちの気持ち。

この4つが組み合わさって、その場のエネルギーが生まれています。

その**エネルギーと自分がどう共鳴するのか、もしくはしないのか、を感じてみてください**。

ぼくは、自分の心が「素」になれるというよい方向に共鳴する場を見つけたら、心で答えるために、その場に行っています。

それが海外だというと、話が大きすぎるかもしれません。

自分にとっての心地よい場所はいろいろなところにあるので、必ずしも海外に行ったり、遠くの地まで旅に出る必要はありません。


近所のカフェや公園でもいいし、1泊2日のミニ旅行に出かけて、森の中に行った

り、海岸を歩いたりしてもいいのです。

ぼくは、カフェでコーヒーを飲む時間が大好きなので、海外にも国内にも、お気に入りのカフェがたくさんあります。

それらのカフェに共通しているのは、どの土地であっても、その場のエネルギーがとても整っていること。そういう場だと心の底からリラックスして、自分の本当の感覚に素直になれるのです。

そこでコーヒーを飲みながら、ゆったりとした時間を過ごし、自分に質問を投げかけると、新しいひらめきが降りてきます。

この時間は、ぼくにとって自分を喜ばせる時間でもあり、クリエイティブな時間でもあるのです。

まとめ

「素」の自分に戻れる「場」を見つけよう

手放さないと入ってこないものもある

会社を辞める、海外に住む、複数の拠点を持つなど、**人生が変わるような大きな転換をするときには、かなりのエネルギーが必要**です。

あなたもきっと、ずっと叶えたいと思いながら、長年実現できていないことがあるでしょう。

たとえば、会社に不満があるのになかなか転職に踏み出せない、ということはありませんか？

いくら今の毎日が「大変で、大変で……」と感じていたとしても、身についている習慣にのっとって同じことを続けているほうが、新しいことを始めるよりは楽なのです。

だから、人生を変えたいと思っていても、人はいつもの生活に流されてしまうのでしょう。

そのうえ、疲れが溜まっているとしたら、さらに新たなエネルギーを生み出すのは大変です。

そこでぼくが思うのは、**「人生のステージを変えるときは、そのとき一番大事なものを手放す必要がある」**ということです。

逆に言えば、一番大事なものを手放さないと、本当に望む人生が手に入らないということでもあります。

今までの人生を振り返ってみると、社長をクビになったとき、「旅をする」から「暮らす」に変えたとき、どちらも大きな転機でしたが、そのとき、仕事を手放しました。

仕事はイコール収入ですから、この上もなく大事なものです。

そうやってお金の余裕がなくなると、明日からどうしようという不安に襲われましたし、いろいろと悩むこともありましたが、結果的には盛り返しました。**いったん手放したことによって、それが元に戻っただけでなく、結果的には何倍にもなった**のです。

つまり、自分が心の底から望んでいる方向に舵を切れば、そのときは大事なものを手放さなければならないけれど、必ずいい結果になるということです。

なぜかというと、人は知らないうちに自分の「枠」というものをつくってしまうから。

自分は一日に何時間働けて、これだけの仕事をこなせるから、収入はこれくらい……という枠の中で考えていると、収入はそこで止まってしまいます。

その枠を外してみると、どんな職業の人でも自由に働けて、自由に暮らせる可能性があるのです。

たとえば、ぼくのように講演をするといった物を扱わない仕事であれば、オンライン化が簡単でしょう。

でも、美容師さんのように対面でなければできない仕事であっても、実際には2拠点生活をしている人がいます。

人生のフェーズを変えるためには、自分の中にある枠を外さざるを得ません。

しかし、それによって自分が持っている可能性が広がり、人生の視点も変わっていくのです。

まとめ

人生のフェーズを変えたいなら、一番大事なものを手放そう

第3章

あなたにとっての「豊かさ」とは何ですか？

お金がなくても、やりたいことは何だろう？

もし、生まれてくる前に、これからどんな人生を送るかを神様に選ばせてもらえるとしたら――。

「豊かな人生」「豊かではない人生」、あなたはどちらを選びますか？

きっとどんな人も、「豊かな人生」のほうを選びますよね。

でも、**「豊かさ」の捉え方は人それぞれ**です。

「お金があること」「家族と過ごすこと」「美味しいものを食べられること」「趣味を満喫できること」など……。

あなたが思い描く豊かな人生とは、どんな人生でしょうか？

22歳で起業したぼくは、社員がいたこともあり、会社を拡大して収入を増やすことを目指していました。

つまり、お金を稼ぐことが人生においての重要事項であり、それこそがぼくにとっての豊かさの追求だったのです。

ところが、前にも述べたように、事業に失敗してしまいました。

当時は、インターネットが一般に普及しはじめた頃だったので、ネット上で日記を書いて公開するシステムをつくれば当たると思ったのです。

そこで、会社の事業をその開発一本に絞って始めたところ、収益化する前に資金が尽きて、倒産の危機に瀕してしまいました。

ちなみに（というか言い訳ですが……）、その後、ブログが登場してネットで日記を公開するのが当たり前の時代になったので、先見の明はあったと自分に言い聞かせています。

そうして社長をクビになり、会社を辞めることになり、温泉通いしていたことは前にお話ししたとおりです。

これからどうやって生きていこうか――、それを考えたとき、2つの問いが浮かんできました。

1つは、**「今の自分が、お金に変えられるものとは何だろう？」**

もう1つは、**「お金をもらわなくても、やりたいことは何だろう？」**

1つ目の問いの答えは、「会社でホームページ制作をずっとやってきたので、それを活かそう」でした。幸いにも、それまでのつながりもあって、仕事をいただくことができました。

2つ目の問いについては、答えを考えているときに、あることを思い出しました。当時、ぼくの会社に大学時代の後輩がキャリア相談をしたいと言って、よく訪ねてきていたのです。

とはいえ、まだ人生の経験も浅い20代の自分が、アドバイスをするのは偉そうで嫌だったので、話を聞きながら「本当にそれをしたいの？」とか「もっと必要なことは何だと思う？」などと質問していました。

すると、みんなは考えながらいろいろと話して、ぼくはただ質問をしただけなのに、やる気になって帰っていくのです。

それをしていると自分自身も楽しく、人を応援することにやりがいを感じたこともあって、その頃、アメリカから日本に入ってきたばかりのコーチングを学ぶことにしました。

そうして、ホームページ制作やそれに関連するコンサルティングで生きていくためのお金を稼ぎながら、お金になるかどうかはわからないけれどコーチングを学ぶ、という2本柱でいくことになったのです。

実際にやってみると、お客さんの意向を聞いてホームページをつくるのは、得意ではあるけれど、特にやりたいことではないと気がつきました。

コーチングのほうはというと、スキルを習得して宣伝したものの、鳴かず飛ばず。このまま続けていても山形の人たちには響かないのかなと思い、やり方を変えることにしました。

コーチングの手法に自分の強みをプラスして、インターネットで展開することにしたのです。

それが、2004年1月1日から始めた「魔法の質問」というタイトルのメルマガとブログです。

自分の強みは「質問」と「インターネット」だと気がついたので、それに特化した情報発信を始めたことが、現在につながっています。

このとき、**「自分が本当にやりたいことは何だろう？」と考えていくと、結果、自分が好きなことが組み合わさって、その人独自のやり方が生まれる**んだという経験をしました。

ぼくの周りにも、小さなころからゲーム好きで趣味としてただ楽しんでいた人が、YouTubeでその様子を配信しつつゲームの解説も行うことで、ゲームストリーマーとして認知され、今やゲームをすることが職業になっていたり、オシャレすることが大好きで、提案力にも長けていた女性が、スタイリストとして活躍している例があります。

もし、あなたが今、「自分が本当にやりたいことがわからない……」と悩んでいるのなら、まずは自分が好きなことを思い返してみましょう。

そして、思いつく限りに書き出したら、それらを組み合わせることで、何か仕事に活かせないかと考えてみてください。

まとめ

「得意」より「好き」を仕事にするとうまくいく

「何もしない」で、価値観が変わった

それまでの価値観がガラリと変わる経験をしたのは、人生で初めてクルーズ船に乗ったことでした。

まだ会社の社長をしていたときでしたが、雑誌で世界最大の豪華客船が初めて就航されると知って、なぜか「これは絶対行かなくちゃ！」と思い、フロリダまで飛んで行ったのです。

そして、実際にクルーズというものを体験してみると、そこには今まで見たことのない世界が広がっていました。

ものすごい衝撃を受けたのと同時に、感動したのを覚えています。

それまではクルーズというと、大金持ちの老夫婦が行くものだと勝手に思っていた

のですが、実際は、家族連れとか若者のほうが圧倒的に多く、まずそのことが驚きでした。

いわゆる普通の人たちが、1週間、2週間の休みを取り、クルーズ船に普通に乗っているのです。

「みんな仕事があるはずなのに、なんで乗れるんだろう」と不思議でした。

しかも、クルーズ船は何隻もあり、それが毎週運航されて、どれも満席とのこと。

「あくせく働いてばかりのぼくたち日本人は、何をやってるんだろう……」という疑問も生まれたのです。

そこからクルーズの虜になってしまい、現在は自分でクルーズツアーも主催するようになりました。

クルーズには大きく分けると2タイプあります。

1つは、タイタニックのような巨大豪華客船です。

最初に乗った船は、映画で観たタイタニック号を想像して行ったら、その3倍ぐらいの大きさがありました。

船室が16階建てで、当時地元で一番高い建物と同じだったので、その話をすると、「え？　あんなに大きなものが動くの？」と驚かれます。

まさに船というより、「1つの大きな町が動いている！」という、経験したことのない感覚を味わいました。

その船が、朝起きたら昨日とは別の国に着いているのです。

ヨーロッパであれば、イタリアのナポリでピザを食べ、翌日には、フランスのプロバンスでラベンダー畑に行って……という具合です。

そんな夢のような日々の連続を体験し、本当に今までの固定観念というか、価値観が吹き飛ばされる思いをしました。

そうした豪華客船は、船内のアクティビティも充実しています。

毎日、レベルの高いアイススケートショーやアクアショーなどが催されているので、朝はヨガに行って、夜はあのクラブに行って、その間にショーを見て……というように、タイムスケジュールが必要になるくらいです。

だから、「1週間も同じ船に乗っていると飽きるでしょう?」と聞かれるのですが、そんなことはありません。

全く飽きないどころか、時間が足りないくらい。

船の中を探検しつくそうと思っても、1週間では、3分の1くらいしか行けないのです。


クルーズ船に初めて乗った人たちはみんな「こんな世界があったんだ!」「人生が変わった!」と驚いています。


2つ目のタイプの船は、あまり大きくなく、船内設備がほとんどないものです。あるのはレストランと図書室ぐらい。

バーもありますが、夜はスタッフの休憩時間なので閉まっていて、寄港地で外に行くと、そこでスタッフと会ったりします。

その寄港地も聞いたことがないような地味な街ばかりなのですが、それがまた新鮮で楽しいのです。

では、船内で何をしているかというと、みんな何もしていません。

本を読んだり、ボーッとしていたり、シャンパンを飲んでいたり……。

日本人だとそういう時間をもったいないと感じて、すぐには楽しめないかもしれませんが、ぼくはこのほうが好きです。

確かに、最初のうちは罪悪感を覚えるかもしれません。

「せっかく休みをとったんだから楽しまなくちゃ」と思って、「あの国でこれを見よう、あれをしよう」と考えてしまい、体も心もなかなか休まらず……。

でも、**何もしないクルージングを経験すると、「時間がもったいない」という考えが変わって、何もしないことが楽しみに**なりました。

そして、**豊かさの基準が「お金を稼ぐこと」から、こうした「幸せな時間をたくさん持つこと」へと変わった**のです。

今は、このパターンでの2週間のクルージングがちょうどいいと感じています。

そうはいっても、「クルーズなんて、ものすごくお金がかかるんでしょ?」と思うかもしれませんね。

でも実は、大きい船のクルーズでも、カリブ海の場合は1週間で5万円くらいから体験できます。

しかも3食付きで、アイスクリームなどのおやつも付いて、ショーやエンターテインメントなどを鑑賞したり、さまざまなアクティビティも体験し放題。

部屋のカテゴリーは一番安いものになりますが、部屋にいる時間はほとんどないので、あまり関係ないと思います。

もちろんバルコニー付きの高い部屋もあって、それは30万円ぐらいになりますが、それでも1週間でいろいろな国を回ることを考えたら、決して高すぎることはないですよね。

ぼくが主催している地中海ツアーも、夏のハイシーズンであってもそのくらいの値段です。

「クルーズ船に乗るような豊かさが自分にはない」と決めつけているのは、他でもない自分自身かもしれません。

「想像ではこのくらいの予算が必要だけど、実際にはどうなんだろう？」

「どうすれば乗れるだろう？」

そうやって**現実的に動き出せば、扉は開かれているもの**なのです。


人生を変えるクルーズの旅は、あなたが決めさえすれば、次の長期休みにでもすぐに叶えられますよ。

まとめ

「何もしない」という豊かさもある

今の働き方を変えるには？

多拠点生活を考えたとき、行き詰まってしまう理由の大きなものが、「仕事があるから無理」「そんなに長く休めない」ではないでしょうか？

ぼくも同じで「旅をする」から「暮らす」に変えたとき、「仕事をどうするか」が大きなネックとなりました。

当時は「質問家」として講師の仕事が順調で、全国から講演の声がかかるようになり、1か月に25本もの講演を毎月行っていました。

ところが、結婚をする時に、妻と話し合い、「二人の時間を最も大切にしよう」ということにしたのです。

その頃のぼくは価値観が変わりつつも、仕事に関してはまだバリバリ働くつもりだったので、「1滞在1仕事にするなんて無理」「無理無理無理無理無理」と言っていました（笑）。

そのとき「1滞在1仕事」と決めた「1仕事」とは、現地で講演を1回だけやるというもので、それ以外は「何もしない」ということです。当時は、お金の余裕がなかったので、するとと仕事が激減するので、食べていけません。当時は、お金の余裕がなかったので、かなり不安でした。

それでも、やっぱり二人の時間を優先しようという結論に達し、多拠点生活を始めたのですが、これからどうやって食べていこうという思いで、数か月間、悶々としていました。

そこで悩みに悩んだ結果、**「今までの仕事のスタイルを変えよう」とひらめたいのです。**

実は、その布石になる出来事が10年前にありました。

コーチングを始めたとき、ぼくは1対1の対面セッションでやっていこうと思っていました。

しかし、経営に関するメルマガを発行しているある方にお会いしたときに、コーチングをしていると話すと、「コーチングの通販をやるといいよ」と言われたのです。

そのときは「え？」と驚きました。

コーチングでは「物」を売るわけではないのに、何をどうやって通販をするんだろう……。

そこでいろいろ考えた結果、質問をメールで配信してみよう、質問の答えを書くノートを作ってみようというアイデアが浮かんできたのです。

それがメルマガやブログでの配信になり、ノートの通販は現在のワークブックにつながっています。

それまでは、コーチングといえば対面で行うものだという固定観念がありましたが、

「コーチング×通販」という発想の転換をすることによって、仕事の幅が格段に広が

りました。

対面で行うセッションは、時間や場所が限られますが、**通販をすることによって、遠く離れた人や、時間がない、時間が合わないという人にも届けられる**ようになったのです。

こうした経験があったので、海外での多拠点生活を始めたときも、リアルな講演はできなくなるけれど、すべてオンライン化してみようと思いつきました。いつも講演で話していることをそのまま収録し、それをパッケージ化して届けてみようと――。

コロナ禍以降、講演やワークショップをオンラインで行うのが当たり前になっていますが、当時はインターネットビジネスが走りの頃でした。まだ成功例がなくて不安でしたが、システムを1から自分で構築して始めてみると、結果的にこれが波に乗りました。

そして、当時、東京にあった会社のオフィスを、オンライン化に伴って閉じました。そこで働いていた社員たちには、業務委託という形で独立してもらい、「みんな好きなところに住んでね」と言って。

そうして、仕事のすべてをオンライン化した結果、多拠点で暮らすというライフスタイルを優先しながら、自分のペースで仕事をできるようになったのです。

その結果、収益も以前よりはるかに順調になりました。

まとめ

発想の転換で仕事のスタイルを変えよう

「その場にいなくてもいい」と考えてみる

最近は、ぼくのようなオンラインでの仕事のやり方についての質問が増えてきました。そこで、どんな業種でもビジネスをオンラインで提供するための講座も開いています。

すると、よく出てくる反応が、「うちの場合、やっぱりオンラインは無理。リアルでやっているのと同じことはできないから」というものです。

しかし、それは当たり前のことで、オンライン化とはそういうものなのです。

たとえば、人気のラーメン屋さんのカップラーメンを、スーパーやコンビニで売っていることを考えてみてください。

味はリアル店舗で食べたほうが美味しいに決まっていますが、カップラーメンを買って、リアル店舗ほど美味しくないと文句を言う人がいるでしょうか?
みんなその違いを承知で買っていて、手軽に食べられることにメリットを感じているのです。

それなのに、リアル店舗と同じ味のカップラーメンを出さなければいけない、と思い込んでいる人が多くいます。

そのせいで、なかなか一歩を踏み出せないのです。

講演やワークショップなどの場合も、同様です。

対面で行ったほうがいい点はたくさんありますが、時間がとれないとか、交通費が高くてなかなか行けないという人が、実際には多いのです。

また、リアルの場合は場所によって人数が決まるので、すぐに埋まってしまうとか、予約が取れずにお待たせしてしまうという難点もあります。

世の中では、行列ができることがいいとされていますが、それは需要に供給が追い

ついていないということ。

そうしたことは、お客さんに不便な思いをさせるというだけでなく、大事なお客さんを逃していることでもあります。

オンラインなら、それらの不便さが解消できるうえ、時間と場所の制約がなくなります。

だから、自分が好きなときに手軽に見られるというメリットを感じたお客さんが増えるのは、当然のことなのです。

ただし、講演のように「物」がないもの、またはデスクワークのようにパソコンでできる仕事のオンライン化は簡単ですが、物をつくる、その場で物を提供するという物理的な仕事になると、ある程度は「その場所」にいることが必要になるでしょう。

それは仕方がないとしても、仕事の幅を広げるやり方はいろいろあります。

たとえば、ぼくの髪を切ってくれている美容師さんは、大阪と沖縄の2拠点生活をしています。

今、美容師の仕事は自分で店舗を構えなくてもできるようで、その2拠点以外でも、呼ばれればどこへでも切りに行くそうです。

さらに、オンラインでコンテンツの配信もしていると言っていました。

ある建設会社は、ローコストで建築する方法を開発しました。

それで業績が順調に伸びているようですが、そのノウハウをフランチャイズすることで、支店を構えずとも新たな展開ができていると言っています。

また、メディアでも取り上げられる地元の有名なレストランがあるのですが、そのシェフの口癖が「監修であれば、いつでもできるよ」です。

「お店を出さないか」とよく頼まれるそうですが、監修であれば、自分がその場に行かなくても、自分の価値を提供できるから、というわけです。

「物」がある仕事でも、そうやって収益先が複数化すれば、自然に収入が伸びていき

ます。

そうしたら、自由な時間を持つことが可能になるでしょう。

「ここで1か月休んで、別の拠点に行こう」という、新たなライフスタイルが実現するかもしれません。

場所を変えたことで、また別のアイデアが浮かぶといった好循環も生まれやすくなります。

「自分は、その場にいなくてもいいんじゃないか？」

一度、そう考えてみてください。

今の仕事でも可能なことが、たくさんあるのではないでしょうか？

まとめ

「その場」に捉われないことで可能性が広がる

ユニバーサル アポイントメント

妻との結婚は、ぼくにとって大きな人生の転機でした。それがなければ、ぼくは、ただ仕事だけの人生を歩んでいたのではないかと思います。

そんな妻との関係の中で「1滞在1仕事」にして多拠点生活を始めたとき、もう1つ、ぼくの固定観念を変える出来事がありました。

多拠点生活を始めて2～3年たった頃です。

現地でいろいろな方と知り合うようになると、各地に面白いライフスタイルで暮らしている日本人がたくさんいることに気づきました。

そこで友達になって話を聞き、日本に戻ったときに、講演やプライベートやらのいろいろな場で話していたのです。

あるとき、それを収録してラジオ番組にしたら、もっと多くの人に聞いてもらえるのでは、と思いつきました。

それが、「ライフトラベラーズカフェ」というポッドキャストを始めたきっかけです。現地にある実際のカフェで、ただ3人で話していることを収録しただけという内容なのですが、それがなんと、アップルのベスト番組賞にも選ばれました。

その収録にあたって、当時のぼくは、あらかじめアポイントを取っておこうとしました。次は○○に行くから、誰に出てもらおうか、予定も聞いておいたほうがいいか、などなど……。

そうしないと落ち着かないタイプだったのです。

でも、妻は「大丈夫、大丈夫」と言います。

ニューヨークに行くことになったときも、妻が「大丈夫」、ぼくが「何が大丈夫なの？」と言っているうちに、現地に着いてしまいました。

しかし、到着したら妻の腰が痛くなってしまい、急きょ、紹介された整体師さんにかかることになったのです。

想定外の腰痛とアポイントが決まっていないことに、「さぁ困った」とぼくが気をもんでいたら、どうなったかというと——。

その整体師さんがすごく面白い日本の方で、その場で「ラジオに出てくれませんか？」と打診して、即ＯＫのお返事をもらいました。

そして、妻の腰痛はすぐによくなり、収録もとてもいい内容でスムーズに終えることができました。

妻からすれば、「ほらね、ちゃんと大丈夫だったでしょ」というわけです。

ちなみに、その方はその後、有名になり、日本で本を出して大ヒットしました。今でもご縁がつながっています。

こうしたことがニューヨークに限らず、いろんな場所で起きました。

オーストリアでは偶然スーパーで出会った方が面白い人だったので、その場ですぐ出演交渉をしたり……。

それでも「大丈夫、大丈夫」と言われたときは、一瞬「え？」と疑うのですが、頭を切り替えて信じると、結果的にうまくいくのです。

これをぼくたちは**「ユニバーサルアポイントメント」**と呼んでいます。

宇宙が取ってくれているアポイントメントを信じる、という感じでしょうか。

経験してみてわかったのですが、**自分で取るアポイントは、自分のいつもの「枠」から出ることがありません。**

そして、アポイントを取ってしまうとそれに縛られて、それ以上のことが起きようとしているときに入る隙間がないのです。

こんなこともありました。

ぼくが日本で忙しくしていたときに、憧れている人との対談の話が来たのですが、アポイントが詰まっていて実現できなかったのです。

せっかくのありがたいお話でも、先約が入っていたらお断りするしかありません。

これでは、自分の入れた予定のせいで、みすみす自分のチャンスを逃しているようなもの。

そうした経験からも、**「人生には余白が必要だ」**と納得するようになりました。

余白があるからこそ、自分では考えられない「何か」に出合ったとき、それがスッと入ってくることができるのです。

ただし、運を天に任せて何もしないということではなく、意図することが大事です。意図する。

つまり、**こうなったらいいなと思うことを宇宙にオーダーして、それを信じることで、自分にとっては予想外のクリエイティブなことが起きる――。**

それが、ユニバーサルアポイントメントです。

まとめ

人生には余白が必要である

「成功」や「豊かさ」の定義とは？

ぼくたちはハワイにも拠点があって、年に2〜3か月はそこで暮らしています。と言うと、「ハワイで暮らすなんて、すごいお金持ち」と思うかもしれませんね。でも、家を購入したわけではなく、コンドミニアムを借りているので、月々の費用だけで暮らせるのです。

そのコンドミニアムがある地区は観光客があまり来ないところで、ぼくたちとは違い、家を購入して住んでいる日本人が多くいます。

みんな何億円のコンドミニアムを購入しているお金持ちばかりです。

そんな人たちとカフェやレストランで隣り合ったりすると、ちょっとした話をすることがあり、よく聞かれるのが「いつまでハワイにいるの？」です。

そこで、「2か月います」と答えると驚かれます。

「お金持ちだねぇ」と。

ぼくよりはるかにお金を持っている人たちから「お金持ち」と言われるのが、最初は理解不能でした。

これはどういうことだろうと話をよく聞いてみると、お金を持っている人というのはみんな忙しくて、仕事の合間をぬって1週間だけハワイに来るという感じなのです。

「ぼくは毎日が夏休みのようなもので……」と言うと、「働け！」と怒られますが、「いいなぁ」「贅沢だなぁ」とも言われます。

考えてみると、何億円というお金があっても、みんな時間がないので、その人より圧倒的に資産が少ないぼくのことを「贅沢だ」と言い、羨ましがっているのです。

社会的な成功とされる「お金」だけでは幸せになれない。
お金がある人たちは、自由な時間を求めている。

そうした現実を見ると、「成功する」とは一体どういうことなんだろう、と考えさせられました。

もう1つ、ハワイにご夫婦で住んでいる奥様方の話を聞いて、思うことがありました。

ハワイでの生活といったら、まさに「楽園」というイメージがあるので、毎日が楽しくて、悩み事なんてないんだろうなと想像しますよね。

でも、現実は違うこともあります。

多くの人が、人間関係や夫との関係に悩んでいて、それは日本にいる人たちと何も変わりません。

そのうえ、悩みを日本の友達に話すと、ハワイに住んでいるのに悩むなんてあり得ないと言われるので、誰にも相談できないと嘆いていました。

そうした話から、**「お金」と「時間」が比例しないだけでなく、「お金」と「幸せ」も比例しない**ということに、改めて気づかされました。

今のぼくにとって大切なのは、お金があるかどうかより、「自由な時間がたくさんある」ことです。
つまり、お金がなくても自由な時間がたくさんあったほうがいいという、お金と時間に縛られない生き方をしたいと思っています。

あなたにとって大切なこと、豊かさとは何ですか？

豊かさというのは、「ハワイに住んでいるから」とか「結婚しているから」といったこととは関係ありません。
自分がいかに幸せな気持ちでいられるか、ではないでしょうか？

まとめ

成功や豊かさが「お金」とは限らない

ライフスタイルを最優先にする

自分なりの豊かさを追求していった結果、海外の多拠点で暮らし、自由な時間がたくさんあるという今のライフスタイルが、ぼくの中での「成功」であり「豊かさ」だということに行き着きました。

自由な時間がたくさんあるということは、以前のぼくのように「ガンガン働く」「忙しいけれど頑張る」「ライフスタイルより仕事」という生き方とは正反対です。

以前は、こういう仕事をしたいと決めて、次に、そのやり方を考えて、空いた時間があれば休む……というスタイルでした。

それを、価値観がひっくり返ってからは、**まず、こういう生き方をしたいというライフスタイルを決めて、そこから、どのように働くかを考えました。**

それは無理をせず、「素」で暮らし、「素」で仕事をするということでもあります。

頑張って「仕事用の自分」になる必要もなければ、頑張って遊ぶこともなく、もしくは、疲れ切って寝ているだけの休みを過ごすことでもありません。

ありがたいことに、そうやっていつも自然体の自分で生きるようになったら、一時は激減した収入も伸びていったのです。

肩に力が入っていると、自分の本当の力を発揮することができません。

それより**自然体でいたほうが、仕事も自然にうまくいくようにできている**のだと思います。

大概の人は自分の生き方を考えるとき、まず仕事から決めていくでしょう。

でも、**自分には自分なりの豊かさがあることに気づいて、まず「ライフスタイル＝生き方」から決めるのもあり**、だと思っています。

まとめ

仕事も暮らしも「素」でやってみる

仕事はどこからやって来る？

多拠点生活になって収入が増えた理由は、オンライン化したこともありますが、もう1つ、さまざまな人たちとの出会いも大きく影響しています。

なぜなら、**仕事や運というのは、人が運んでくる**からです。

ぼくたちは今、沖縄にも拠点があって家を借りているので、毎月、家賃の支出があります。

実際に住んでいる日数は少ないので、この話をすると、「家賃がもったいなくないですか？」と聞かれます。

しかし、ぼくの経験では、**拠点が増えれば増えるほど、収入が比例して増えていく**ので、家賃など気にせずにいられるのです（ちなみに、旅先が増えても収入は比例しません）。

山形育ちのぼくにとって、沖縄の文化や習慣、そこで暮らしている人たちの考え方はとても新鮮です。

山形は冬場はいつも雲がかかった薄暗い天気が多く、そのせいか気分も暗くなることがよくありました。

それに比べて沖縄の人たちは、とことん明るくて「何とかなるさー」という感じです。

そうした人たちと話している中から、「これは面白そうだからやってみよう」というアイデアが生まれて、自然発生的に仕事につながっていくことがよくあります。

それ以外にも、沖縄でつながった人たちから「こんな仕事があるんだけど、できる？」といった、思いもよらない声かけがあったりして、仕事の来る窓口が1つずつ増えていくのです。

そうしたご縁は当然、海外にいるときにも生まれます。

海外に居住している人は沖縄の人とは全然タイプが違うので、その場所、場所によって思いもかけない仕事が発生していきます。

もちろん移動せず、今いる場所で、新たな人とのつながりを広げていく方法もあるでしょう。

でも、**いつもと同じ場所で、同じルーティンを続けていると、その「枠」から出ることができず、悪くもならないけれど、よくもならないという現状維持が続く**はず。

そこで行動範囲を広げて、できれば日本中や世界中を移動してみると、今までとは違った人たちとの出会いが、随時生まれます。

それが自分にとって新鮮であり、刺激的であり、予想外の仕事も次々と生まれていくのです。

こうした経験から、拠点を増やすことで、支出ばかりが増えて収入が減少するとは限らないと思っています。

今住んでいる家も家賃がかかっているのに、新たな拠点でまた家賃を払うなんて……。

そう心配しているのだとしたら、まずは**世界に限らず、日本の中でもいいので、今いる場所とは違うところに身を置いてみてください。**

場所によって、そこの人たちの考え方が全く違うとわかります。

その新しくできたコミュニティの中で、新しい仕事が生まれることを経験すると、多拠点で仕事が減るとは限らない、かえって収入が増えていく、ということを実感できるでしょう。

新しい環境の中で、今まで「当たり前」とか「これが正しい」と思っていた自分の枠が外れる経験が、きっと人生の役に立つはずです。

まとめ

拠点が増えることに比例して、収入が増えていく

自分を一番高く評価してくれる場所とは？

世界を回っていると、物価の違いや収入の違いに驚かされることがよくあります。

今の仕事が好きで、続けていきたいと思っているのであれば、「この仕事を違う場所でやったら……」と考えてみるのもお勧めです。

たとえば、ぼくの実家は、山形の田舎の住宅地でお寿司屋さんをやっていたのですが、外国人がたくさん集まる京都でお店を開けば、同じように握ったとしても、繁盛具合が全く違うでしょう。

つまり、**スキルやクオリティが同じでも、場所が変われば、成功度合いが全く変わる**ということです（ここで言う成功とは、収益や収入のことです）。

ぼくは若いとき、才能がある人、スキルに長けている人が成功するんだと思っていました。

でも、年齢を重ねて、働き方を模索しつつ、いろいろな場所に行くようになると、**成功できるかどうかは場所にかかっている**、と気づいたのです。

20代のとき、上海に事務所をオープンする経営者の方のお祝いをするために、初めて上海という場所に行きました。

すると、そこに集まっているのが、ものすごくエネルギッシュな人たちばかりで刺激を受け、何回か参加することになりました。

その7～8年後に、シンガポールでの仕事が増えたのですが、その頃のシンガポールは成長期の真っただ中で、上海で会っていた人たちが今度はシンガポールに集まっているのです。

当時は、その理由がわかりませんでした。

しかし、成長している場所では何をやってもうまくいくので、それに気づいた人たちは、常に移動して仕事をしていたのです。

優秀だからといって必ず成功するとは限らず、いい場所を選ぶからこそ成功するんだ、ということを肌身で感じました。

ですから、「居場所を変えたら仕事が減る」「仕事がなくなる」ということを心配しているのなら、**「もっと自分に合った場所に行けば、仕事も収入も増える」という可能性を考えてみるといい**でしょう。

たとえば、看護師の仕事をしている人が、日本で働けば月収30～40万円のところ、オーストラリアに行けば、全く同じことをしても月収１００万円ぐらいになります。

つまり、**同じことをしているのに、どこに身を置くかで成果が大きく変わる**ということ。

ぼくが今、日本の地方に家を建てたとしても、その多くは高く売るのが難しいと思います。

でも、オーストラリアのメルボルンでは、家を建てた瞬間に、すごい高値で売れるのです。メルボルンは今、人口増加が著しくて、空き室率が１パーセント以下という状況だからです。

そうした人口が増加していて、経済が成長しているところでは、何をやっても成功するといえるのです。

成功するかどうかは、能力の差ではなく、運でもなく、「場の力」と「タイミング」によって決まる――。

移動したら仕事や収入が減ってしまうという固定観念を、自らの体験でぜひ払拭してみてください。

まとめ

「タイムパフォーマンス」のいいところに行ってみる

第4章

あなたにとって心地よい「人間関係のかたち」とは？

「人嫌い」だったぼくが変わったきっかけ

あなたは、友達が多いほうですか？
それとも少ないほうでしょうか？

ここまで、拠点が増えると友達も増えるという話をしてきたので、人づきあいが苦手な方は、「友達づくりなんて無理」「居場所は欲しいけれど、友達はいらないなぁ」などと思ったかもしれませんね。

でも、安心してください。
ぼくも若い頃は人づきあいが嫌いで、友達が一人もいませんでした。
そもそも、人とつながるのが面倒くさいと思っていたので、仕事での打ち合わせをする人はいっぱいいましたが、仕事抜きで、ただ雑談をするという人はゼロに等しかったのです。

親とも話さないですむなら話したくない、必要最低限の会話でいいと思っていました。

それがガラッと変わったきっかけは、10年前、結婚したことでした。

妻は家族をとても大事にするタイプなので、結婚してから実家に行く回数が増えたのです。

親と一緒にごはんを食べて雑談をするという、いわゆる家族団らんの機会がそれまではほぼなかったのですが、遠く離れて暮らしていても月に1回という頻度で、その時間を持つようになりました。

会話はいつも妻主導でした。

ぼくは隣で、どうしたものかと戸惑っていました。

しかし、次第にたわいもない雑談に慣れてきて、「こういうのもいいな」と思うようになったのです。

そこから、ぼくの人間関係が変わっていきました。

それまでは、打ち合わせしかしなかった仕事のチームとも、ちょっとした雑談でコミュニケーションがとれるようになり、国内や世界のいろいろな場所に行ったときに、友達づくりができるようになったのです。

ぼくにとっての**「拠点＝居場所」というのは、その場所が心地よいというだけではなく、そこに友達がいることが前提**です。

そもそも友達ができなければ、たくさんの居場所をつくることはできなかったでしょう。

今では、友達がいない人生なんて考えられません。

以前、対談したことがある研究者の方が、友達の数と健康度合いは比例するという話をされました。

入院したときに、誰もお見舞いに来ない人と、お見舞いに来る人がいる人とでは、生存率が全然違うという研究データがあるそうです。

友達というのは、ただの知り合いではなく、ネット上でフォローしている人でもなく、何かあったときに助け合ったり、家に泊まり合ったりできる間柄の人たちです。

今では、そうした人たちと何気ない時間を過ごすことが、ぼくの人生に欠かせない豊かなひとときになっています。

まとめ

居場所とは、そこに友達がいること

一番目のご縁を大切にする

「どうやったら海外で講演のような仕事ができるんですか？」

と聞かれることがあります。

ぼくの基本スタイルは、「声をかけてくださる方がいたら行く」なので、**自分から積極的に仕事をつくろうと計画することはありません。**

たとえばフェイスブックなどで「今度はぜひ、カリフォルニアに来てください！」といったコメントがあれば、ＤＭ（ダイレクトメッセージ）で「本当に行っていいですか？」などと連絡してみます。

すると、その方が現地で講演を主催してくれるというので、実際に行くことになったりします。

そうした場合も、人づきあいが得意でないぼくは、自分から関わっていくというより、コメントをくれたから返す、返事が来たから返すというスタンスで話を進めていきます。

そうやって、実際にカリフォルニアに行って講演をしましたし、その他にも、バルセロナなど世界各地に行きました。

ただ「1滞在1仕事」と決めているので、滞在中、ぼくが大事にしているもう1つのルールがあります。

それが、**「その土地で最初にご縁があった方を一番大切にする」**というもの。このルールによって、そこが自分の居場所になるかどうかが決まると思っています。

先ほどのカリフォルニアの例であれば、最初に声をかけてきて講演を主催してくれた人を一番大切にして、できるだけ一緒に過ごします。

その人に時間があれば、もう仕事は抜きで、カフェでお茶をしたり、一緒にスーパーに買い物に行ったり、ごはんを食べたり……。

すると、その人の友達にばったり会ったり、友達の家に連れて行ってもらったり、ということがあるので、自然に現地での友達が増えていくのです。

そして別れ際に、「また遊びに来るね」という約束を交わすので、今度は仕事がなくても、その人たちに会うために遊びに行くようになります。

このようにして、**「1滞在1仕事」と決めていたのが、自然のなりゆきで「1滞在0仕事」という新しいフェーズに**移っていきました。

気がついたら、世界中に友達ができていて、仕事のある・なしに関係なく、「あの友達に会おう」という目的で、その場所に行くようになりました。

ちなみに、「1滞在0仕事」であっても、オンライン上で仕事ができており、現地の友達から自然発生的に新しい仕事が生まれるという話は、前にお話しした通りです。

まとめ

「最初のご縁」から友達の輪が広がっていく

2週間以上、滞在する

「世界を旅する」ではなく「世界で暮らす」というライフスタイルをとっているぼくたちには、「1か所に2週間以上、滞在する」というルールもあります。

これは今までの経験からですが、**1か所に1週間くらいの滞在では、「暮らす」ではなく「旅」になってしまう**のです。

泊まるところがホテルになるので、料理ができず、食事はすべて外食。

それもホテルに近いレストランやカフェというと、観光客がよく行くところになり……。

結局、その土地の華やかなところだけを見て帰ってくることになります。

それが2週間以上になると、コンドミニアムや民泊できる家を借りたりするので、

「暮らし」に変わります。

もう観光地区には行かず、現地の人しかいないスーパーで買い物をし、現地の人がルーティンで使っているカフェやレストランに行ったりします。

すると、そこで会話が生まれて、知り合いができ、中には友達に発展していく人が出てくるのです。


文化の違いもあると思いますが、海外ではお店の人に話しかけられたり、お客さん同士で会話をしたりということがよくあります。

ぼくはカフェで過ごす時間が大好きなので、お気に入りのカフェがあると、毎日通います。

あるときまでは、毎日、違うカフェに行くことを意識していました。そのカフェなりのよさがあり、違いが刺激になって楽しいと思っていたからです。

他の人に聞いても、やはり「いろんなカフェに行ってみる」「同じところに連続では行かない」と言う人が多いですよね。

でも、最近のぼくは、お気に入りのカフェに通うほうに変わりました。

たとえば、日本が冬の間だけ行っているオーストラリアのバイロンベイ。

その街に、緑に囲まれたカフェがあります。そのカフェで早朝からお昼まで毎日執筆をしています。

ワクワクするという感覚より、心がホッとする感覚を求めているのかもしれません。

そうやって**毎日同じカフェに行っていると、不思議なことに「つながり」が生まれてきます。**
お店の人とのご縁が深まり、地元のことを教えてもらえるばかりか、一緒にごはんを食べる仲にまでなっていくのです。

先日、オーストラリアのメルボルンにいたときも、韓国の人がやっているカフェに毎日通っていました。

最初は、挨拶を交わすだけだったのですが、だんだん会話をするようになりました。

そして、「メルボルンにはよく来るので、また今度……」という話になっていくのです。今では一緒に食事をする友人です。

現地に住んでいるわけではない人、つまり、お店の人からすれば見知らぬ外国人が、同じ店に連続で通ってくるのは、そうそうあることではないでしょう。

すると、頑張って声をかけようなどと思わなくても、会話が生まれていくのは自然なことなのです。

日本でも同じです。

沖縄に、とてもいいエネルギーを持っているお気に入りのパン屋さんがあります。

そこはぼくの居場所だと思っているので、沖縄にいるときは毎日通っています。

すると、いろんな面白い人が集まって来ることに気づき、映画監督やアーティストといった人たちとも友達になりました。

その場所を気に入っているということで、すでに1つの共通点があるので、ちょっとした会話を交わしているうちに、「気が合う仲」になっていくのです。

ちなみに、そこの店主さんたちとドライブをしているときに、ある偶然から、沖縄の住まいを賃借することになりました。

まさに、偶然が偶然を呼んだ結果ですが、今のライフスタイルでは、そうしたことがよく起こります。

1つのご縁がきっかけで、その土地とさらに深くコネクトしていくことになるのです。

今では、どの地域でもぼくがそのお店に行くと、オーダーをしなくても出てきます。「おはようミヒロ、いつものね！」というように。

まとめ

「暮らす」ことで自然にご縁が育まれていく

気が合う人とだけつきあう

当たり前ですが、海外で知り合ったすべての人と友達になるわけではありません。友達とビジネスは関係ないので、損得勘定でつきあうことは全くないし、無理に友達になる必要もないと思っています。

ぼくの場合、**友達になれるかどうかの基準は、「一緒にいたいかどうか？」がすべて。**

その中に「一緒にいて心地よいかどうか？」「楽しいかどうか？」といった感覚が含まれます。

新しい人と知り合ったときに、**「この人と一緒にいたいかどうか」と自分に問いかけて、０・２秒で（つまり直感で）「ＹＥＳ」と思う人とだけ友達になる**ようにしています。

「NO」ではないから、とりあえず友達になっておくということはありません。

今は、人間関係が煩わしいから「一人のほうが気楽でいい」という風潮もあるようですが、それは、人に気を遣っているからではないでしょうか？

ぼくは、**過剰に気を遣ったり、話すのに頑張らなきゃいけないんだったら、つながらないほうがいい**と考えています。

たとえば、自分が憧れている人や目指している人と友達になろうとすると、どうしても頑張ってしまうでしょう。

一時的な「頑張り」は必要かもしれませんが、それが続くと、早々に力尽きてしまいます。

ぼくは、人とのつながりも、何かの取り組みも「継続する」ことが大事だと思っているので、**継続するためには、無理をしないことがとても重要**です。

一時的に無理をして友達になれたとしても、それが続かなかったら、結局ご縁が切れてしまうので、もったいない。

ちなみに、**憧れている人がいたら、その人と無理に「友達」になるのではなく、「憧れの人」としてライフスタイルを真似る**などしてみればいいでしょう。

もし、ご縁があるなら、自然に友達になる機会が訪れるはずです。

話はちょっと違いますが、あるパーティーに妻と出席したときのこと。

その会場に知っている作家さんがいました。

といっても、知り合いというわけではなく、ぼくはその方のYouTubeを好きで見ていて、妻は本を読んでいるという一方的なファンでした。

そこで二人で、「どうする?」「声をかけてみる?」とか言っていたのですが、そもそもの人見知りな性格が発動し、結局「いや、無理だ」「今日はやめておこう」となってやめました。

そうしたら帰り際に、その方がぼくに近づいてきて、「ミヒロさんですか?」と声をかけてくれたのです。

無理して自分から行かなくても、つながるべきご縁は自然につながるんだ——という、うれしい体験でした。

これは、友達を見つけるときも同じです。

無理したり、頑張ったりということをしなくても、自然に友達になっていたという関係が心地よいものであり、長続きする秘訣ではないでしょうか？

あなたは今の友達と、どんな関係ですか？

どんなきっかけがあって、友達になりましたか？

まとめ

「この人と一緒にいたいかどうか」だけで決めよう

「素」のテンションで、無理はしない

友達関係で一番大事なのは、「素」のテンションで、お互いの気が合うこと。そして何をするかというと、何もしません。ただ雑談をするだけです。

無理をせず、頑張らず、心の底からリラックスした「素」のテンションで、ホンネで話せることが大事です。

話の内容は、雑談ですから、何のためにもならないことでいいのです。好きなことを話して、楽しい時間を一緒に過ごすことが幸せなので。

それが、たまたまバーベキューをしながらだったり、ゴルフをしながらだったり、一緒に旅行に行ったり……とシチュエーションが変わることがありますが、ただの雑談を繰り返しているうちに、友達関係がどんどん深まっていくんだと思います。

そうした関係の中では、無理につきあわないことも大事です。

たとえば「会わない？」と誘われたときに、ちょっと疲れているとか、今日はそんな気分じゃないなと思ったら、「今日は大丈夫」と断ります。

「誘われたから、無理してでも行こう」という関係を続けていたら、疲れてしまうでしょう。

友達づくりとは、「ご縁を紡いでいく」ことです。

そのためには、**最初の「一緒にいたいな」という感覚を大事にし、その後は無理をせず、会いたいときに会うというスタイルで継続していく**こと。

そうしていけば、小さなつながりが、しっかりとした太い糸になっていくと思っています。

まとめ

断りたいときは素直に断ったほうが長続きする

多拠点生活で人間関係が楽になった

多拠点生活を始めたときに、東京で暮らすことをやめて、日本の本拠地を沖縄にしました。

そこで楽になったと感じたのは、人間関係でした。

東京は情報が多く、利便性もいいので、人と会うとか、イベントを開いて集客するといった目的があれば、最適な場所だと思います。

反面、つきあいで行かなければならないというときに、断りづらい。すぐ行けてしまうのが、ちょっと嫌だなと思っていました。

たとえば、何かのパーティーに招待されたとき、沖縄なり海外なりにいれば、行けなくてもお互いに納得できます。

しかし、東京にいるときに断ると、人間関係にゆがみが出るかなという懸念があって、結局行ってしまうのです。

パーティーは基本、苦手なので出たくないのですが、その人とのご縁はつないでおきたいと思うので……。

それが、**東京とは離れた場所にいると、「会わなくていい人に会わなくていい」となるので、とても心地よい**のです。

これはぼくだけの感覚ではなく、著者仲間と共感するポイントです。

著者仲間で地方に移住している人はけっこう多くて、「人と会わなくてすむようになったから、ラクだよね」「もう人に会うのが疲れちゃったんだ」と、みんな同じことを言います。

もちろん、その拠点ではその拠点での人間関係がありますが、ぼくの場合は前に述べたとおり、仕事とは全く関係ない、気が合う人とだけつきあっているので、無理がありません。

それに、東京でつきあっている人たちとは、全く違った人たちと友達になれるのが大きな魅力です。

東京ではどうしても著者同士であったり、出版関係の人であったりと、つきあうグループや年齢層が固まってしまいますが、沖縄では全然違いますし、海外ではなおさらです。

「世の中にはこんな人がいるんだ！」という感じで友達の幅が広がっていくのが、多拠点生活のいいところ。

それが自分という人間の幅も広げてくれています。

まとめ

拠点を増やして、人間関係を最適化しよう

友達づくりの前に「意図する」

「友達づくりで無理をしない」というと、「ラクだなぁ」というその場の雰囲気だけに流されて、だらだらと付き合ってしまうことがあるかもしれません。
しかし、それが本当の友達といえるでしょうか？

無理をしないことはとても大事ですが、友達づくりの前に、まず「意図しておく」ことが必要です。

意図というのは……

「自分はどういう姿になりたいか」
「どういうライフスタイルを送りたいか」
「どういう人たちとつながっていきたいか」

そうした人生の根本的なことを考えておくことです。

すると、**自分の中にアンテナが立つので、自分が意図したご縁が来たときに、パッと気づいてキャッチできる**のです。

そうでないと、一緒にいる時間はラクだけど、「何か生きる方向性が違うかも」という関係になってしまうかもしれません。

海外に住んでいる人とまずＳＮＳでつながるときも、そうした自分のアンテナがあるから、気が合う人と出会えるのでは、と思っています。

最初は、その街に興味があるから遊びに行くだけのつもりだったのが、その人との話のなりゆきで講演会をやることになったりするのです。

海外に行くときに、最初から「こういう仕事をしたい」などと意図することはありません。

「この滞在が、こんな時間になったらいいな」

「こんな機会になったらいいな」

「こんな出会いがあったらいいな」

ということだけを意図します。


それなのに、友達を紹介されて仲よくなったら、話がとんとん拍子で進んで、偶然にも仕事が生まれる、ということが起こるのです。

それは意図していた人と出会えて、波長が合ったということでしょう。


そうした偶然が起こるには、まず、**自分はどうなりたいかということを意図して、あとは宇宙の采配に任せる**こと。

人生の根本的なことについて、いきなり意図するのは難しいと思うので、普段から自分に質問するクセをつけておくといいですよ。

まとめ

アンテナがあるから、気が合う人と出会える

友達の輪を広げる

友達に限らず、人と関わるときに常に意識しているのが、**「この人を喜ばせるために何ができるか？」**です。

といっても、何かをプレゼントするといった大それたことではなく、ほんの小さなことばかりです。

その人に会っているときに限らず、離れているときでも時折思い出して、メッセージを送ったりとか。

それも「やらなくちゃ」という感覚は全くなく、自然の流れでやっています。

たとえば、妻と話しているときに、「そういえば、バイロンベイの◯◯さんはどうしてるかな？」という話になって、連絡してみることがあります。

パンケーキの美味しい店を見つけたときは、◯◯さんが好きだったことを思い出して、「ここのパンケーキがめちゃくちゃ美味しいから、日本に戻ったときに、ぜひ行ってみて！」とメッセージを送ったりします。

また、人と人をつなげることもよくやっています。「紹介してください」という要望があるからではなく、ぼくが勝手に**「この人とこの人がつながったら、面白いことが起きるだろう、喜んでくれるだろう」と思って、ご縁をつないでいく**のです。

たとえば、沖縄に拠点を持つきっかけになった宗像さんとは、家族ぐるみのおつきあいで、その人は「宗像堂」というパン屋さんを営んでいます。

ぼくは、そこのパンが大好きなので、オーストラリアのバイロンベイで「DomaCafe」というカフェをやっているタカユキさんとつなげたら面白いんじゃないかと思いつきました。

そこで、宗像さんをバイロンベイに連れて行ったら、案の定すぐに気が合い、タカユキさんは宗像さんからパンづくりを習って、お店でパンを出すことになりました。
今では大人気商品になっています。

その他にも、ぼくが大好きな山形のイタリアンレストランに、食べることが大好きな友達を連れて行ったり……ということを、よくやっています。

ぼくは日本や世界のあちこちに友達がいるけれど、それは、ぼくとその人との点と点のつながりです。

そこで、「ぼくの友達のAさんに、ぼくの友達の誰をつなげたら、面白いことが起きるんだろう？」というのを常に考えています。

そうやって友達の輪が広がっていくことに幸せを感じるのです。

人生は「ご縁」がすべてだと思っています。

一緒に楽しい時間を過ごすことも大事ですが、前にもお話ししたように、仕事と運は人が運んできてくれるのです。

そのご縁をつくり、ご縁とご縁をつなげていけることが幸せです。

もし、友達をつくってはいけないと言われたら、ぼくはどの土地にも、どの国にも行かないかもしれません。

人づきあいが嫌いで、友達が一人もいなかった昔のぼくが、今のぼくを見たら、きっと驚くことでしょう。

でも、**人はちょっと意識や行動を変えるだけで、劇的に変わることができる**のです。

まとめ

自分が持っているご縁とご縁をつないでみよう

パートナーの理解を得る

今いる場所とは全然違うところに、もう1つの居場所をつくろうと考えたとき、想定されるネックは「家族の反対」です。

「妻とは考えが違う」「夫はそういう人ではない」というのは、よくあることでしょう。

ぼくたち夫婦がどうだったかというと、日本や世界を旅して歩くという点では全く問題ありませんでした。ぼくが毎月25本の講演を日本各地でやっていたとき、妻も同じような仕事をしていたので、タイミングを合わせて一緒に動いていました。

彼女はオリジナルのワークショップやカウンセリングをやっており、同じ場所を回りながら、仕事は全く別々にやるというスタイルでした。

ぼくが海外で、弾丸トラベラーのようにハードスケジュールで講演を行っていたときも、彼女が同行していました（それで具合が悪くなったことが何回かあったというのは、前にお話ししたとおりです）。

そこで、今後のライフスタイルをどうするかについて、二人でじっくり話し合ったのです。実は、ぼくたちは結婚する前から、とにかく徹底的に話し合うということを行ってきました。

「自分が人生において、最も大切にしていることは何なのか」
「どういうライフスタイルを望んでいるか」
「仕事のしかたや働き方をどうするか」

そうした根本的な問いについて、まず、それぞれが答えを出します。

次に二人で話し合うのですが、そのときに、答えを擦り合わせたり、譲り合ったりしません。**どこが重なるかというのを、じっくり見ていく**のです。

そして、**重なり合ったところから、二人が望む新しいライフスタイルを考えていく**

ので、結果、どちらも相手のために我慢することがないのです。

我慢がないから、いい関係が築けているし、それを継続できているんだと思います。

それはライフスタイルといった人生の根本的なことに限らず、どんなことでも同じです。

「ここに拠点を持つかどうか」ということはもちろん、「次はどこに行く?」といったことまで、とにかく徹底的に話し合って決めています。ちなみに、毎日のごはんも二人でとことん話し合って決めています。

もし夫婦やパートナー間で、考えや目指している方向が違うのであれば、まず、じっくり話し合うことから始めてみてください。

まとめ

それぞれが答えを出してから、重なるところを探そう

この人と一生、一緒にいたい？

夫婦やパートナーとの話し合いが大事という話をすると、「今までじっくり話し合ったことがない」「普段の会話すらないのに、今さら話し合うなんて……」といった反応がよく返ってきます。

そんなとき、ぼくは3つの質問をすることにしています。

1つ目は**「この人と一生、一緒に生きていきたいですか？」**

すると、「いや、そうでもないです」「実は、ダンナとは一生は一緒にいたくないと思っています」と言う人が何人もいました。

そうであれば、問題解決です。

そんな気持ちが根底にあるのに、「もう1つの居場所がほしい」ということについて無理やり話し合っても、答えは出ないでしょう。

二人が話し合うべきことは、「改めて、お互いが一緒にいたいと思っているのか？　そうでなければお互いの未来のために、別々の道もあるのか？」です。

不満がいろいろあったとしても、一生一緒にいたいという気持ちがあるのなら、次の質問に進みます。

2つ目の質問は、**「この人と大切にしたいことは何ですか？」**。

この質問には、まず夫婦がそれぞれの答えを出すことが必要です。

最初に「自分が大切にしたいことは何か？」を考え、次に「この人が大切にしたいことは何だろう？」と相手のことを考え、最後に「二人で大切にしたいことは何か？」について、自分の中で答えを出します。

それから夫婦で話し合って、重なるところを見ていきます。

3つ目の質問は、**「一緒にどんな未来を描きたいですか？」**。

これも、それぞれが「自分の未来」について考え、次に「二人で一緒に過ごす未来」について考えて答えを出し、また重なるところを見ていきます。

こうして、**まずは自分の中で答えを出す**ことが大事です。

そうしないで話し合うと、どちらかが妥協して歩み寄ったり、遠慮して譲ったりしがちです。

もしくは、その場の空気や盛り上がりに流されて、YESと言ってしまう可能性もあります。

お互いが本心から納得する結論に達しないと、どんなに話し合っても、その後に破綻してしまうでしょう。

話し合った結果、お互いが納得したのであれば、もう1つの居場所をつくって「二人で移動しながら暮らそう」となるかもしれないし、または「あなただけ行って」となるかもしれません。

多拠点生活といっても、本当にいろいろなバージョンがあるので、**枠にとらわれず**

に考えてみると、自分たちなりの心地よいライフスタイルが見えてくるでしょう。

人は、自分が知っていることからしか答えを出せません。

この世の中には、自分では想像もつかないことがあるので、**さまざまなロールモデルを見ることも必要**です。

すると、「こういう暮らし方もあるんだ」とか「こういう風にやっている人がいるんだ」という情報が入ってくるので、自分の中の選択肢が多様になっていきます。

そこから、自分たち夫婦の、もしくはパートナー同士の新しい多拠点生活を考えてみてください。

ちなみにですが……、「この人と一生は一緒にいたくない」という答えが出た場合の次の選択肢は、「それでも一緒にいる」か「別れる」です。

ここにも「一度結婚したら離婚しないほうがいい」とか「親が離婚しないほうが子どもは幸せ」という固定観念があります。

こうした考えに縛られて、今の生活を変えられないという人が多いのではないかと思います。

しかし、**「自分の心と魂が本当に喜ぶことは何か」を見つけて、それをやらないと、周りの人を喜ばせることができません。**

自分が不幸な状態にあると、結局、周りの人も不幸にしてしまいます。

多拠点生活にしてもそうですが、一度、結婚という枠にとらわれず、自分なりの人生を考え直してみることが、本当に望む生き方への近道です。

まとめ

自分たちなりの多拠点生活を考えてみよう

家族で多拠点生活をするには

「夫婦だけなら多拠点も可能だけれど、子どもがいるから難しい……」という人も多いでしょう。

学校があるから行ったり来たりはできないというのが、現実的なところかもしれません。

しかし、視点を変えれば、子どもがいても多拠点で楽しくやっている人がいるのでご紹介しましょう。

1人はぼくの仕事を手伝ってくれているチームメンバーで、当時、小学2年生のお子さんがいて、北海道に住んでいたのですが、あるとき、沖縄に引っ越してきました。

ここまでは理解できたのですが、夏になったら、家族でまた北海道の元の家に戻っていったのです。

そして冬になると、また沖縄にやって来る。

つまり、子どもは半年ごとに転校することを繰り返していました。

そんな暮らし方をぼくは「いいな」と思ったのですが、その親の周囲の意見は異なり、「子どもがかわいそう」というものだったそうです。

そこで、その人たちが子どもに聞いてみると、こんな答えが返ってきました。「友達が2倍になって嬉しい！」

子どもによって反応は違うでしょうが、**「子どもがいるからできない」というのは親の勝手な考えであって、それを楽しむ子どもがいる**という、ぼくの中の枠が広がる出来事でした。

ちなみに、その親の仕事は、ネットでできるものにシフトして行ったので、仕事上の壁は全くありませんでした。

もう1つの例は、前にもお話しした大阪の美容師さんです。

この人は沖縄にもう1つの居場所をつくり、小学校低学年のお子さんと移動しながら暮らしています。

こちらは長期の移動ではなく、子どもを休ませてもいいタイミングのときに、沖縄に1週間、2週間の単位で来ています。

子どもも含めて、家族みんなが賛成してやっていることだと言うので、こういうライフスタイルもありだとぼくは思っています。

もう1つの例は、妻が反対しているので、自分一人で2拠点生活をしているというご夫婦です。

ご主人は東南アジアでも暮らしたいと思っているけれど、奥さんは海外での生活に興味がないそう。

それで「一人で行ってきたら?」と言われて、ご主人だけが日本と東南アジアの2拠点生活をしています。

この方たちは仲が悪いのかというと、そんなことはありません。

夫婦二人で話し合って決めたルールなので、どちらが不幸になるということはなく、ご主人はリフレッシュして帰ってくるのでうまくいっているようです。

ぼくたち夫婦の場合は、365日一緒にいると決めたので、いつも二人一緒にあちこちを移動して暮らしています。

そう言うと、「夫婦といっても毎日一緒にいるのは大変」と思う方が多いかもしれませんが、**毎日一緒といっても、それぞれのペースで、それぞれの時間を大切にしているから大丈夫**なのです。

ぼくは朝起きたらすぐに活動したいタイプなので、一人でカフェに行って仕事をしたり、文章を書いたりしています。

妻は朝は丁寧に暮らしを始めるので、朝は家の空間を整えたり、自分を整える時間を大切にしています。瞑想をしたり、自分と対話するノートタイムをじっくりとやっています。

そして11時頃に合流し、レストランやカフェに行ったり、買い物をしたりという一緒の時間を過ごします。

ぼくは海で泳ぐのも大好きなので、近くに海がある場所では、一人で泳ぐこともよくあります。

365日一緒といっても一人の時間は必要で、意図してそういう時間をつくる大切さを、お互いによくわかっています。

一人の時間は、一人の空間でしかつくれないわけではありません。

同じ部屋にいても、今は一人の時間だなという空気を察したら、自分の存在を消して過ごしています。

それも、ぼくたち夫婦のルールの1つです。

まとめ

「子どもがいるからできない」は親の固定観念かも

オンライン上の居場所

もう1つの居場所が、どこか遠くの地とは限りません。

自分にとって心地よく、「素」に戻れる場所であれば、近所のカフェや公園でもどこでもいいのです。

そこで、一人でボーッとしているのもいいですが、その場所での気の置けない友達ができれば、さらに世界が広がっていくでしょう。

もし、現実にそういう場所が見つからないというのであれば、ネット上の居場所もありだと思います。

ただし、フェイスブックなどの友達やフォロワーというのは、本当の意味での友達ではないので、幸せ度数と比例しません。

もちろん、そうした友達やフォロワー数が多いことは、仕事上で有利になる場合もありますが、つながってくれた人が自分と友達になりたいと思っているかどうかはわからないからです。

「ちょっと気になるから」とか「この情報が欲しいから」という理由で、フォローしている人が多いのではないでしょうか？

ぼくの場合、ＳＮＳを使ってどうやって友達になっていくかというと、投稿にコメントしてくれるのはありがたいですが、それにいちいち返信しているわけではありません。

コメントの中でつながりたいなと思う人がいたら、前述のようにＤＭを送るようにしています。

なぜなら、**公の場でのやり取りは、どうしても当たり障りのないことになってしまって、心の距離が縮まらない**からです。

たとえば、オンラインイベントをやったときにはよく、「今度オーストラリアに来てください！」とか「ぜひスペインにも来てくださいね」といったコメントを書いてくれる人がいます。
そこで、その人のページや投稿していることを見て、いいなと思ったらDMで「本当に行っていいですか？」と聞いてみるのです。
そこから、世界のあちこちに行くことになりました。

ただし、DMでやり取りする前に、まず自分に質問をします。
それは4つあって、
1つ目が「この人に関心があるか」
2つ目が「どんなところに関心があるか」
3つ目が「どんなことを聞きたいのか」
4つ目が「相手を喜ばせるために何ができるか」
です。

この問いにあらかじめ答えを出す必要はなく、最初の「この人に関心があるか」の答えがYESなら進んでいきます。

あとは、**自分の中にこの問いを持ちながら、やり取りを続けていくことが大事**です。

なぜなら、自分の中にこの問いがあると、意識がそこにフォーカスするので、自然にやり取りもそこにフォーカスしたものになり、それによって相手との心の距離が縮まっていくのです。


この問いの中で最も重要なのは、４番目の**「相手を喜ばせるために何ができるか」**です。

たとえば、やり取りの中で、ぼくが講演したら喜んでくれるかなと思ったら、講演することもあるし、全く違う何かをすることもあります。

これはリアルな人間関係でも同じです。

まとめ

自分の中に問いを持ちながら、やり取りをしよう

趣味のことでつながってみる

ぼくの場合は、海外で暮らすというテーマがあるので、海外在住の方とつながることが多いですが、**どうやって友達をつくったらいいかわからないという人は、自分の好きなことや趣味は何かを考えるといい**でしょう。

それをSNS上で発信すると、共通点のある人がコメントしてくれるかもしれません。

もしくは、そういうコミュニティのサイトに参加してみるのもいいでしょう。

ぼくがリアルな場所で友達をつくるときは、なぜか飲食関係の人が多いのですが、それは、ぼくの趣味が「ごはんを食べにいく」ことだからだと思います。

実際に食べることが好きというのもあるし、親が営んでいた寿司屋を小さい頃から手伝わされていたので、厨房はどうなっているのかとか、どんな仕込みをしているのかということが気になったりするのです。

そこで店主さんに声をかけると、お互い経験があるから、話が通じやすいし、盛り上がることがよくあります。

東京にある割烹の店主さんとは、そんな感じで友達になり、今では家族ぐるみで旅行するまでの仲になりました。

誰でも、自分が好きなことや興味のあることなら、その道の先輩なりプロなりに聞いてみたいと思うでしょう。

友達づくりは、まずは、自分は何が好きかを自覚して、そのことに興味関心を持つことから始まるのかもしれません。

そして、実際に声をかけてみる。

ネットであれば、いいなと思う人にコメントをしてみることです。

そこで気が合いそうだという人が見つかったら、先ほどの4つの問いを持ちながら、やり取りのラリーを続けてみてください。

そうしてできた友達も、できれば実際に会ってみるといいですね。

その人が遠くの地に住んでいる人であれば、そこが、あなたにとっての「もう1つの居場所」になるかもしれません。

まとめ

自分の「好き」から友達を見つけよう

おわりに

もう1つの居場所は、すぐそこにある

ここまで読んできて、あなたの中で「もう1つの居場所」が、はっきりと見えてきていたら嬉しいです。

それがどこであっても、「もう1つの居場所」は、あなたのすぐそばにあるのですから——。

「自分の行きたい場所は見えたけれど、実際に行けるのは少し先のこと」
「時間ができたら行ってみよう」
「いつか居場所にできたらいいな」

こうした考えがまだあるようなら、それは自分を縛っている「枠」だと、もう気づけますよね?

もう1つの居場所は、すでにあなたの手が届くところにあるので、諦めず、先送り

せず、気軽にチャレンジしてほしいと思います。

本書では、ぼく自身の経験やいろんな人のケースを挙げたので、「これならできそう」という方法があったのではないでしょうか？

「次の休みに、あそこに行ってみよう」と、まずは最初の一歩を踏み出してみること。それが1日や2日の体験でもいいのです。

行動することによって、フットワークが軽くなっていくので、「今度は長く行ってみよう」とか「海外にも行ってみよう」と、どんどん動けるようになるはずです。

ぼくが感じているのは、海外に行くときに、関東の人たちと東北の人たちでは、だいぶ距離感が違うということです。

何が違うかというと、成田空港までの距離。

ぼくが住んでいた山形からすると、まず成田空港までが遠いと思っていて、「成田経由で行くのかぁ。だったら行かなくていいかな……」となりがちなのです。

あなたが今住んでいるところによっては、同じ感覚があると思いますが、それでも、ぜひ一度、今いる場所から飛び出してみてください。

なぜなら、**一度行った場所というのは、がぜん近くなる**からです。


ぼくの大学時代に、デザインの先生がつくった日本地図があります。

それは東京を起点とした「時間距離地図」というもの。

地理的な日本の形をしたものではなく、時間的にはここが遠い、ここが近いというのが目で見てわかるように表されています。


それをぼくは自分の体験から「時間距離」というより、「心の距離」で実感しています。

ぼくにとって、日本の拠点である沖縄は頻繁に行くので、めちゃくちゃ近い。

オーストラリアやハワイ、スペインも同じように、とても近い。

実際の距離や時間で見たら遠い場所であっても、ぼくの中の「心の距離」では、どこも非常に近いのです。

「○○に住んでみたいけれど、遠いからな……」と思うのは、自分の中の「心の距離」で感じていることでもあるのです。

一度行ってみれば、その距離はぐっと縮まります。

そして、だんだん「思いついたら、いつでも飛んでいける」ようになっていくものです。

世界は近い。

そして、**世界のどこかに、自分にぴったりの場所が必ずある。**

そこに移住するのは大変かもしれませんが、行ったり来たりする拠点を持つのは、十分に可能性ありなことではないでしょうか？

人生の方向を意図する

居場所のつくり方というのは、まさに人それぞれです。

今いる場所で十分という人もいれば、もう１つの居場所が欲しいという人、１つではなく、たくさん欲しいという人……。

そこに正解はありません。


自分にとって、いいと思うことは何だろう?

自分は、どうなりたいんだろう?


そうした答えを引き出すためにも、リラックスできて、素になれる場所に、自分を放り込んでみてください。

すると、これからの人生についての答えが出てくるでしょう。

すべてのことは「こうなりたい」という意図がないと始まっていきません。


人生の方向を意図する。


それが大事です。

しかし、頭で考え出すと、いつもの論理的思考が出てきます。

「自由に生きたいけれど、仕事がないと食べていけないし……」

「この歳で仕事を変えるなんて無理だろう……」

そうすると、「こうなりたい」という心の声がかき消されてしまいます。

理論はいったんさておいて、**心の声が「いいな」と言っている方向に、一歩を踏み出してみる**のです。

そこには、新たな人生の可能性がきっと眠っているはずです。

この本を読んでくれたすべての方の人生が素晴らしいものになるよう、心から願っています。

久しぶりの日本で、軽井沢の森の香りに埋もれながら
マツダミヒロ

“書籍で紹介できなかった秘訣”

読者限定
無料プレゼント

Present !

『もう1つの居場所をつくる』レッスン動画

本書では語れなかった「もう１つの居場所をつくる」
のレッスン動画をプレゼントいたします。

こちらのQRコードよりアクセスしてください

▼

https://hs.shitsumon.jp/ibashopresent

※特典の配布は予告なく終了することがございます。
※動画はWEB上のみでの配信となります。
※このプレゼント企画はマツダミヒロが実施するものです。プレゼント企画に関するお問い合わせは「staff@mahoq.jp」までお願いいたします。

著者紹介

マツダミヒロ

質問家。ライフトラベラー。時間と場所にとらわれないビジネススタイルで世界を旅しながら、各国で「自分らしく生きる」講演・セミナー活動を行う。1年のうち300日は海外に滞在。カウンセリングやコーチングの理論をベースに、自分自身と人に日々問いかけるプロセスを集約し、独自のメソッドを開発。質問するだけで、魔法にかかったようにやる気と能力が引き出され、行動が起こせるようになることから、「魔法の質問」と名づける。メルマガの読者は10万人を超え、NHKでも取り上げられた「魔法の質問学校プロジェクト」では、ボランティアでロンドン、プラハ、シンガポールなど各都市の学校へ行き、子どもたちに魔法の質問を体験してもらっている。ニューヨークの国連国際学校（UNIS）でも授業を行う。ANA国際線で講演が放送されるなど、メディアにも多く取り上げられている。夫婦で行っているラジオ番組「ライフトラベラーズカフェ」（Podcast）は、アップルのベスト番組に選ばれ、30万人を超す視聴者がいる。自分らしく働き、自分らしく生き、大切な人たちと豊かな時間を過ごすことを大事にしている。『朝1分間、30の習慣。』『聞くチカラ』（いずれもすばる舎）、『質問は人生を変える』（きずな出版）、『1日1問答えるだけで理想の自分になれる365日の質問』（光文社）ほか多数。

もう1《ひと》つの居場所《いばしょ》をつくる

2024年12月13日　初版第1刷発行
2025年3月7日　初版第2刷発行

著　者　マツダミヒロ

発行者　岩野裕一

発行所　株式会社実業之日本社
〒107-0062　東京都港区南青山6-6-22 emergence 2
TEL：03-6809-0473（編集）TEL：03-6809-0495（販売）
https://www.j-n.co.jp/

印刷・製本　TOPPANクロレ株式会社

イラスト　みずす

ブックデザイン　鈴木大輔（ソウルデザイン）

本文DTP　荒木香樹（コウキデザイン）

編集協力　佐藤雅美、出雲安見子

ISBN978-4-408-65127-9（第二書籍）　
